THEY WALKED WITH JESUS

イエスと接した二人

退行催眠で見えてきたイエスの実像

ドロレス・キャノン 著　　采尾英理 訳

Dolores Cannon

ナチュラルスピリット

THEY WALKED WITH JESUS
by Dolores Cannon

Japanese translation published by arrangement with
Ozark Mountain Publishing, Inc. through The English Agency (Japan) Ltd.

イエスと接した二人　目次

［本文中のイラスト］

第1章

イエスとの遭遇は本当か

わたしは輪廻転生や過去世療法を専門とする催眠療法士で、この仕事を通して不思議な状況に導かれ、神秘的な道を歩んできた。この仕事は、未知なるものが歳月のかなたに覆い隠された潜在意識の片隅をのぞき見る機会を与えてくれた。そこでわたしが発見したのは、現世に生きる人々のマインドの中に全人類史が記録されているということ、それらの記憶は掘り起こされなければ、そのまま表面化せずに潜在し続けるだろうということだ。

ところが、この目まぐるしい現代世界の情況により、それらの埋もれていた記憶が表面化してきた。大抵の場合は、掘り起こそうともしていないのに。それは、そうした記憶がしばしば説明のつかない形で今生に影響を与えるからだ。問題解決の手段として過去世（過去生）療法が活用されている今日、そうした記憶がますます明らかになってきている。人々はおそらく初めて、おのおのが宿る肉体とそれぞれの今生の記憶が人間を形作っているのではないと認めるようになってきた。人間とは、鏡に映る姿や顕在意識の記憶だけではない、それ以上の存在だ。そこに底知れない深みがあり、その調査はまだ始まったばかりである。

わたしは一九七九年にこの仕事を始めて以来、誰もが数多くの過去世の記憶を潜在意識下に眠らせているらしいと気づいた。通常の目を覚ましている状態で問題なく機能できるのなら、そうした記憶を探究することは重要ではない。最も重要な人生は現在生きている人生であり、それこそが現世に存在する目的だとわたしは信じている。現在のこの人生をできるだけ最良の形で生きることに努めるべきだ。

多くの人が輪廻転生は本当にあるのかと論じ、実際に他の人生を数え切れぬほど生きてきたのなら、なぜそれを覚えていないのかと考える。潜在意識は、録音装置や高度技術コンピューターなどの機械になぞらえることができる。現代の日常生活において、人は常に何百万という細かなありふれた情報にさらされている。視覚情報、嗅覚情報、聴覚情報、感覚情報などだ。そうした情報すべてを顕在意識に迎えいれてしまうと、わたしたちは機能できなくなる。きっと完全に圧倒されてしまうだろう。だから潜在意識はフィルターの役割、すなわち監視人の役目を果たしている。潜在意識は、わたしたちがこの社会で生活し、機能するために必要な情報に集中させてくれるのだ。

しかし、収集したデータすべてがコンピューターのメモリーに残っていることを忘れてはならない。そのデータは決して失われることなく、貯えタイプの潜在意識によって保管される。その理由は誰にもわからない。すべてのデータはただそこに残り、引きだせるということだけがわかっている。たとえば、今生の十二歳の誕生日パーティーに退行すると、その一日の出来事を思いだし、実際にその日のことを追体験できる。集まった子どもたち全員の名前を覚えていて、もし尋ねられたら、その日のご馳走やプレゼント、家具や壁紙にいたるまでを詳しく答えられるだろう。そうした詳細は、誕生日パーティーの記録として保管された情報のありふれた断片だ。映像音声を完全に記録した図書館がマインドの中に存在し、それらを詳しく再生するる。人生の一日一日、出来事の一つ一つが同様に保管され、必要なときにアクセスできるようになっている。

そのようなわけで、今生がすべて潜在意識に保管されているのなら、過去世もすべて同様に保管され、アクセスできる状態にあるということだ。わたしはよくそれを巨大な動画図書館にたとえる。利用者(催眠療法士)が潜在意識に依頼して、記録された適宜の過去世を引きだし、記憶装置に再生させるという仕組みだ。その記憶装置のメモリー・バンクがどれほど巨大かを知ったら、日常の目が覚めている状態でそうした記憶を意識していることが賢明ではないどころか有害であると理解できるだろう。つまり、圧倒されるのだ。過去世の様々な場面やカルマ的な人間関係が常に今現在の人生に浮きでたり重なったりしていると、機能するのがとても困難になる。

だから潜在意識は、わたしたちが今現在の状況や環境で生きる上で最も重要なことに集中できるように選択する。ときには過去世が現世に影響を及ぼして問題が起こることもある。そして特定の状況が引き金となって、過去世の記憶にはっきりと焦点が合わさる。ここで登場するのが過去世療法で、その役割は、組みこまれたパターンを発見する手助けをすること、浮上してきて（大抵はネガティブな形で）日常生活に干渉する未解決のカルマに対処することだ。

わたしや他の過去世療法士たちが取り組んできたクライアントの多くは、それまでに長年、専門家による身体的および精神的助けを借りていたが、探していた答えを見つけられなかった。たとえば、今生においては説明のつかない人間関係の不和は、過去世におけるトラウマになるような不穏な出来事に起因することが多々ある。多くの恐怖症やアレルギーも過去世に原因を見つけられる。一つ例に挙げると、あるクライアントはほこりと犬に嫌悪感を抱いていたが、それは貧困だった過去世に起因していた。クライアントはその過去世で砂漠に住み、乏しい食糧を守るために犬を追いやらねばならなかったのだ。また、従来の治療法では回復しない慢性病の原因が過去世に見つかることも珍しくない。あるクライアントは深刻な首の痛みに長年苦しんでいたが、それは過去世における二度の残酷な死が原因だった――ギロチンにかけられた死と、インディアンのトマホークで首の後ろをやられた死だ。ある大学生はストレスにさらされると深刻な腹部痙攣が起こるため、授業を最後まで受けることができなかった。そのクライアントは腹部に受けたトラウマによる死を何度かの過去世で経験していた――剣で刺された死、馬車に轢かれた死、銃撃による死などだ。強迫的な過食や過度の体重増加は、飢餓による死が記憶に残存している場合や、他者を飢餓に陥れた場合などに原因していることがよくある。後者の場合は、カルマの負債を解消する必要性が生じていた。

子どもを望んでいるのに何度も流産を経験したある女性は、出産時に死亡した過去世があることを知った。潜在意識は時間の概念を持たないため、そうした死を繰り返させないことで身を守るのが自らの役割だと考える。この女性の場合、その潜在意識はさらなる妊娠を阻止することで、出産時の死亡を防ぐという方法を取っていたというわけだ。このような場合における療法では、潜在意識に直接働きかけ、身体的な問題を抱えていた体はもう存在しないこと、現在の体は完璧な健康状態にあることを教える。すると潜在意識は両者の違いに気づき、現在の当人は危険な状態にはないことを理解する。そうすれば、問題はすみやかに解決する。

答えが一度の過去世に見つかる場合もあるが、問題の原因がもっと複雑な場合もある。なぜなら何度にもわたる過去世で繰り返されることによって、あるパターンが固定化するからだ。あらゆる療法について言えることだが、過去世療法はすべてを癒やす魔法の療法ではないことを強調しておかなければならない。解決へのヒントが過去世に見つかったのなら、現世を生きる当人がそれをツールにして現在の人生に取り入れる必要があるのだ。そこで得た知識を活用して取り組んだとき、驚くような結果、満足できる結果が得られるだろう。

わたしは何年にもわたって何百人ものクライアントと様々なテーマについて取り組んできた。なかには掘り下げて研究すべき興味深いケースもあったが、ありふれていて退屈に思われる過去世がほとんどだ。それらの過去世では、とりわけ珍しい出来事は起こっていないように思われる。けれどもそうしたケースこそが、過去世退行に信憑性を与えるのだ。仮にわたしたちの誰かが来世でこの現在の人生に退行したとしよう。その人はおそらく退屈でなんの変哲もない場面に退行するはずだ。なぜなら、それが人生というものだから。わたしたちのなかで新聞やテレビのニュースに名前が出るほど重要、あるいは話題になるのは少数だ。この世界には有名人よりも一般人がはるかに多いからだ。

わたしにとっては退屈に思われる退行もあるが、重要なのは、その退行がクライアントの探していた答えを見つける手助けになるということだ。そうした平凡なセッションを終えると、わたしはいつも、クライアントが失望したのではないかと懸念した。だから、「退行による記憶は自分にとって非常に重要だった、ずっと知りたかったことの説明がついた」と彼らが言うと、わたしは驚いたものだ。そのようなわけで、わたしはどのような記憶が療法ツールとして重要で役立つものかを判断する立場にない。そうした数多くの平凡な退行こそが基準なのであり、それらは様々な人生の一つとして、あるいは同時期に生きた複数の人たちによって語られる歴史の凝縮版という形でしか書き残されることもない。

わたしの著作は、わたしが幸運にも出会えたケースのうち、歴史上、重要な時期に生きていたクライアントや、重要人物と関係があったクライアントの過去世記録をいくつか選んで題材にしている。過去世がナポレオンだった、クレオパトラだった、などという人物にはまだお目にかかっていないが、今後も出会うことはないだろう。可能性としては、ナポレオンやクレオパトラと交流があった、知り合いだったというクライアントの過去世が見つかることのほうが高い。そのような場合、その有名人物にまつわる記憶に集中しなければならないし、その機会を逃せばそれ以上に個人的な詳細情報などは二度と得られないだろう。たとえクライアントが歴史的に重要な出来事があった時代に生きていたとしても、本人が個人的に知っていたことしか語ることはできない。たとえば、小作人はその国を統治する王が知っていた情報に通じていないし、その逆も然りだ。物語は常に独自の視点で語られる。それ以外の情報はすぐに幻想として認識される。

『イエスとエッセネ派』を執筆したとき、キリストの人生をあのように個人的に語るだけの情報をもったクライアントに再び遭遇することはないだろうと思っていた。あの作品は、クムランでエッセネ派の師匠としてイエスを教えた一人によって語られたものだ。それはケイティという名の若い女性をイエスの時代に退行させたときのことで、驚くべき発見がもたらされた。彼女はまだ高校も卒業していなかったので、その退行で得られたユダヤの歴史と神学的データはより重要なものになった。なぜなら、彼女には自分が受けた教育をもとにそうした情報を収集するすべなどなかったからだ。しかし、あのケースは二度とないチャンスだった。だからこそ、わたしはできる限りの詳細を得ようと膨大な時間を費やした。あの時代に生き、しかもイエスと関わったことのある別のクライアントとまた遭遇するなど、ありそうにないことだった。

あの時代のあの地域に退行したクライアントは他にもいたが、彼らはたとえばローマ兵、エルサレム住人、市場の商人としての普通の人生を語るだけだった。おそらくキリストの近くに暮らしていたと思われるが、彼について言及はしなかった。このことがわたしの発見にさらなる信憑性をもたらした。なぜならこの事実が、人々にはイエスと交流があったという願望を描きたがる傾向がないことを示していたからだ。機会を与えられれば、彼らはやはり自分だけの物語を述べた。イエスと過去世を生き、その記憶を潜在意識下に埋もれさせている人は世界中にたくさんいるはずだ。しかし、過去世退行時にそうした人たちとまた遭遇する可能性はどのくらいのものだろう？　その可能性は低いと思うし、それは当然のことだ。一九八五年にケイティと出会い、あの作品を執筆したのち、再び同じことが起こるとは思ってもいなかった。

あの時代に生きた過去世があると確信するがあまり、催眠下で思い出を創作しようとした女性のセッションをしたことはある。彼女が人を騙そうとしていた、あるいは隠された動機があったなどとは思わない。彼女はただ、洗礼者ヨハネの母親エリザベトとして自分が生きていたと強く信じていたのだ。そして、そうではないと彼女に納得させることは誰にもできなかった。彼女は退行催眠でその過去を自分に証明したい、疑っている家族に証拠を見せたいと願っていた。わたしは彼女に退行催眠を行うことに同意したが、その点には懸念があったので、いつもより入念かつ慎重にクライアントを観察した。彼女はトランス状態に入った途端、聖地パレスチナの背景や、ヨハネとイエスと自分の関係性について語り始めた。そして、ヨハネの逮捕や処刑のときを語りながら非常に感情的になった。それが空想であることを直ちに明かす事柄がいくつかあった。わたしが探りを入れるような質問をすると、彼女は答えられなかったのだ。聖書の話にあくまでも忠実で、そこから逸れることは決してなかった。言い換えると、聖書を読んでも知り得ない情報に関しては、質問にいっさい答えられなかったのだ。

もう一つ気になったのは、彼女の体の動きだ。通常のトランス状態では、クライアントはほとんど動かずに横たわっているが、呼吸や筋肉の緊張度が変化し、ＲＥＭ（急速眼球運動）が増す。催眠療法士はそうした兆候に気をつけ、それらを観察することによって、トランス状態の深さを判断したり、トラウマの気配を察知したりする。その女性はおとなしく横たわることなく、動揺を体で示していた。常に両手をもみ合わせたり、呼吸が乱れたり、眼球がおかしな動きをしたりしていた。全体的な動作が極度の不安を示していたのだ。催眠状態を深めるテクニックを使い続けたところ、三十分もすると、彼女はわたしが「カエルの飛翔」と呼ぶ行動を起こした。つまり、今まさに語っていた場面からジャンプして、別の人生にまつわる場面に移ってしまったのだ。ジャンプ先の過去世では、彼女は小さく貧しい教会のイタリア人神父だった。体の緊張がとけ、通常のありふれた退行が続いた。彼女が語ったのは、運命がもたらした人生に不満を抱く、はみだし者のような神父の生涯だった。それでわたしの緊張もとけた。なぜなら、退行が再び確固とした根拠に基づいていることがわかったからだ。何が起こったかは明らかだった。彼女の潜在意識は彼女の願いを叶えよう、ヨハネやイエスと共に生きた過去世を描こうと努力したのだが、トランス状態が深まるにつれ、偽りの過去世を続けていられなくなり、通常の退行が始まったのだ。

そのときのセッションでは、次のような珍しい現象も起きた。その偽りの退行時、彼女の体から膨大なエネルギーが発散されるのを感じたのだ。そうした現象が起こるとき、そのエネルギーは熱のように感じられ、わたしの体を引き寄せてつかむような影響が生じる。それはとても不愉快な感覚で、わたしの観察力や集中力を混乱させる。大抵の場合、わたしはそうした感覚がおさまる距離までクライアントから物理的に離れるようにしている（普通なら一メートル前後離れるだけで充分だ）。その女性の不穏なエネルギー変動が起こっていたとき、わたしはテープレコーダーが停止してしまっていることに気づいた。わたしはクライアントに質問を続けながら、機器の不具合に対応しようとした。レコーダーを開けると、テープが詰まってヘッド部分に絡まっていた。ぼろぼろにねじれた長いテープを引きだし、別のテープを入れてセッションを続けた。彼女がイタリア人神父の通常の退行に移行すると、レコーダーは問題なく作動するようになった。こうした不具合が起こるのは珍しいことで、普通はクライアントが激しく緊張していたり不安を抱えたりしているケースで起こる。わたしが実際に感じたあのエネルギーフィールドが何らかの形でレコーダーに影響を及ぼしたのだろうか？　極度の静電気やノイズがテープの音声を消してしまったことも何度かある。こうしたことから、過去世退行ではわたしたちが思っている以上の何かが起こっているのではないかと思う。そこには目に見えないエネルギーが存在して、当人から発せられるそのエネルギーが機器にも影響を及ぼしうるようだ。レコーダーのように精度が高いものはとくに影響を受けやすいのだろう。

その女性はトランス状態から目覚めると、イエスと共に生きた過去世の（あると思っている）記憶に夢中になっていた。彼女はその記憶が証拠だと思い、神父の過去世については却下した。前半の録音記録が破損したと聞いたとき、彼女は錯乱寸前だった。テープはぼろぼろになっていた上に、軸が詰まって巻き直すことすらできなくなっていた。彼女はどうしても音声が必要だから、なんとか復元してほしいと懇願した。それは彼女の人生で最も重要なものだったのだ。彼女のそうした反応は、その記憶が本物ではないことを示すもう一つの印となった。なぜなら、信用できる退行はこうした反応を伴わないからだ。信用できる退行の場合、クライアントは通常、それを何かで読んだか、映画やテレビで見た情報だろうと言って、自分の退行経験が本物ではないと否定する。否定こそが最初の反応であり、彼らが「多分それは自分で創作した話だと思う」と言うのはよくあることだ。否定は、マインドの思考範囲からあまりにも外れた未知なるものに対する、意識的なマインドの対処法だとわたしは考える。それに過去世は間違いなく、普通の人の思考範囲からはみ出る異質なものだ。こうしてわたしは、過去世を創造することによって歴史上の重要人物と共に生きたという願望をどうにか満たそうとする、クライアントの純真な試みを目の当たりにした。わたしにとってはこの経験も、過去世を捏造することはできないというさらなる証拠となった。

そのようなわけで、イエスの時代に生きたことのあるクライアントに再び遭遇することはないだろうと思っていた。もしそういう人が現れても、過去のこの経験から自分が疑い深くなるとも思っていた。しかしこうしたことは、取るに足りない人間を超える何者かの手にゆだねられているらしい。わたしが探究に導かれるケースは、わたしが決定権を持たない高次の源からもたらされるようだった。一九八六年から一九八七年にかけて、わたしはノストラダムスの研究に打ちこむ一方で（これについては三部作“Conversations With Nostradamus”で述べている）、イエスの時代に自発的に退行した二人のクライアントにも取り組んでいた。そこでわたしの関心が再燃した。こうしたことが起こる確率はどのくらいだろうとよく不思議に思ったが、どういうわけか自分が報告することになるケースには勝手に導かれるようなので、物事が起こる理由についてはもう考えないことにした。

本書は、その二人の女性によって別々に語られた、過去世でのイエスとの出会いに関する話だ。二人の記憶は、時代を経て語り継がれたために忘れられ歪められた物語に、貴重な情報を加えてくれる。そして複雑で非常に現実的な感情や感覚を備えた類まれな男性、人間としてのイエスをより深く理解し評価する手助けをしてくれるだろう。彼はまさしく優れた師で、宇宙の神秘を理解し、彼の時代の人々にその神秘を明かそうとした。イエスは言った、「わたしを信じる者は、わたしが行う業を行い、また、もっと大きな業を行うようになる」（新共同訳「ヨハネによる福音書」第14章12節）と。しかし、イエスもまた人間であるのに、彼にまつわる物語はその点を見落としている。本書では、『イエスとエッセネ派』と同じく、イエスの時代の人々の目で見た彼の姿を知る貴重な機会が得られる。とても個人的で現実味のある本当のイエスを描いている。いよいよ、類まれな人間としての真実のイエスを知って評価することができるかもしれない。

未知なる世界へと足を踏み入れていただきたい。退行催眠の世界に、ようこそ。

イエスの時代のガリラヤ地方

第2章
イエスとの出会い

過去世退行セッションを希望する理由は、人によって様々だ。多くの場合、身体的あるいは心理的問題を抱えたクライアントが、それを解決したくて相談にくる。家族や大切な人とのカルマ的関係は、しばしば問題を引き起こす。彼らは医療的および精神医学的な従来の支援を利用しつくしてから、過去世セラピーが解決してくれるかもしれないと期待して、退行セッションに目を向ける。また、純粋に好奇心から、催眠を受けて過去世を知りたいと思う人もいる。本当に異なる人生を過去に生きたことがあるのかを確かめるためだ。

メアリーが予約を入れてきたとき、彼女がどのタイプなのかよくわからなかった。彼女は三十代後半の魅力的な女性だった。離婚後、女手ひとつで二人の息子を子育て中で、生活のために自営で小さな種苗店と造園業を行うビジネスを始めていた。その仕事が忙しかったため、セッションの予約は彼女の空き時間に入れていた。いつも植物を積んだ小型トラックでやってきて、セッションが終わるとそのまま配達の仕事に戻った。刺激を求めている退屈した主婦というタイプでは決してない。メアリーは献身的な母親で、二人の息子にできる限り最良の環境を与えられるよう、ビジネスを成功させることに専念していた。

メアリーはある問題に対する答えを探していると話したが、その問題の内容については語りたがらなかった。答えが見つかれば、自ずとそれに気づくだろうとだけ言った。つまり、療法士としてのわたしは、探しものが何かわからぬまま暗闇を手探りすることになるわけだ。その対応策としては、潜在意識に手綱をたくして、クライアントが探している答えを見つけてもらうという手段がある。だからわたしは最初のセッションでメアリーをトランス状態に誘導し、彼女が行きたいところへ自由にタイムトラベルしてもらうことにした。問題の原因を探すような指示はしなかった。

こうしたケースは一定のパターンをたどることが多いため、次に何が起こるか簡単に予測できた。結果は大抵いつも同じだ。メアリーは平凡で退屈な人生に退行し、そこでは大きな出来事は起こらなかった。彼女は「いくつかの疑問がとけた。今の人生の事柄と関連していた」と言ったが、一番大きな問題との関連性は見つからなかった。翌週の結果も同じで、メアリーにとってだけ重要な、よくある過去世に退行した。

進展があったのは三度目のセッションだ。メアリーは扱いやすいクライアントで、キーワードを使って深いトランス状態に誘導できた。キーワードは何でもよく、誘導時間を短縮することができる。彼女がベッドに横たわってリラックスすると、わたしはキーワードを使ってカウントダウンを始めた。メアリーが深いトランス状態に入ると、わたしは彼女が知るべき重要な情報を与えるよう潜在意識に求めた。つまり、彼女の現在の人生にとって重要で関わりがある過去世に連れていくよう求めたのだ。この頃になると彼女はわたしを信頼していたので、その潜在意識も従ってくれるはずだと思った。

わたしは数多くのセッションを行うため、複数のテープレコーダーを使う。録音するときと書き起こすときの両方で必要なため、大抵、レコーダーは摩耗するほど使いたおす。メアリーとのセッションで録音していた時期は、レコーダーがよく誤作動を起こしていた。何度かセッションを行っているうちに、レコーダーに問題が生じていることに気づいた。たまにスキップしたり、軸の回転が止まったりするのだ。そうすると録音していた言葉が途切れるため、セッションを書き起こす際は、失われた言葉を取り戻そうとできる限り自分の記憶をたどった。そのようなわけで、メアリーとのセッション中、わたしは彼女を観察しながらも、レコーダーのほうにも気を取られていた。

そのセッションでは、クライアントが白く美しい雲に乗って浮かぶ手法を使っていた。わたしは彼女が知るべき重要な情報をもたらす重要な時代へ運ぶよう、その雲に指示した。

わたしが数えている間に、雲がメアリーを乗せてゆっくりと下降した。彼女の第一印象は、緑の木々が並ぶ林の中に立っているというものだった。彼女はなめらかで少し斑点のある灰色の樹皮に気づいた。見慣れないものだという。次に、林の中に四人の人が集まっていることに気づいた。全員似たような格好なのが遠目にもわかり、綿の紐状ベルトのようなもので腰まわりを締めた、白い亜麻布の服をまとっている。一人の女性が髪を亜麻布のスカーフで覆っていた。メアリーは自分を見おろし、自分も同じような格好をしていること、手織りの白い亜麻布の服をまとい、足にはサンダルを履いていることに気づいた。自分が十代の少女で、長く茶色い髪をしていることもわかった。名前はアビゲイルで、近くの村からそこまで歩いてきたようだ。わたしは彼女に、その人たちのもとへ行きたいかと尋ねた。

「ええ」彼女は答えた。「あの人たちがどうして集まっているのか知りたいです。わたしが来るのを待っているのかしら？　わたしもまた内気な人のようです、今生のわたしみたいに。今もまだあの人たちに合流していいものか迷っています。ああ、やっぱりあの人たちはわたしを待っているみたい」

ドロレス（以下D）：その人たちのことを知っているのですか？

メアリー（以下M）：ええ、前にも会ったことがあります。でもわたしは最年少で、彼らほど知識がありません。

D：その人たちはご近所さんですか？　それとも友人か何かでしょうか？

M：あの人たちは先生だと思います。まだ知り合ったばかりのようです。なんとなく、自分は彼らの教えや注目に値するような気がしません。あの人たちはわたしに教えることを望んでいるけれど、自分の年齢や彼らの偉大な智慧のことを考えると、その望みに応じるのは気後れします。彼らはとても智慧深く思えるのに、わたしはとても若いようですから。

D：あなたが学びたがっているのは、とても良いことだと思いますよ。

M：ええ。（笑って）そういう性格なのです。彼らはわたしの熱意に気づいています。わたしのことを教えがいのある生徒だと思っているようです、たとえわたし自身がそうだと思っていなくても。

D：彼らの教えは理解するのが難しいですか？

M：理解するのは難しくないです。この知識を得られるなんて、とても恵まれていると思います。彼らが長年かけて蓄えてきたスピリチュアルな教えで、彼らはそれを継承していく必要があるのです。

D：彼らはどうやって生徒を見つけるのかしら？

M：両親がわたしのことを勧めたのだと思います。ここでは彼らが先生で、生徒はわたしだけのようです。

D：たくさんの先生がいると大変そうですね。

M：精神的な支えになります。新しい家族の仲間入りをしたような感じで。彼らはとても温かく迎えてくれます。わたしのことを気に入ってくれているようです。

D：どこの国にいるのかわかりますか？　誰かが国名を口にするのを聞いたことは？

M：（長い沈黙）「パレスチナ」という言葉が浮かびました。

D：そこは暑いですか？

M：そよ風が吹いています。日に当たると暖かいけれど、木陰に行くと涼しいです。学びの場としてはとても心地よいところです。彼らとの勉強はとても楽しいです。

D：読み書きの必要は？

M：ないです。口頭で教わっています。わたしは教えを聞いて学び、その知識を頭の中、心に記憶します。わたしは先生になる予定だと思います。だから今この若さで学び、知識を蓄えて、いつか教える立場になろうとしているのだと思います。

D：どのような教えを受けているのですか？

M：秘教です。ほとんどの人が知らない学問を教わっています。

D：多くの人はそうした学問を教わっても信じないでしょうね？

M：彼らはそうした学問のことをどうでもいいと思っています。彼らには燃えるような熱意がないから。だからこそ両親はわたしを生徒にと差しだしたのだと思います。両親はわたしの中で燃える熱意に気づいたから。

D：まだそれほど長く教わっているわけではない、と言っていましたね？

M：ええ、先生たちに会うのは今日が三回目のようです。まだ知り合ったところで、お互いに相手の性格を知ろうとしています。先生以上の、何か特別な感覚があります。親戚のおばさんやおじさんと会っている感覚に近いわ。彼らがずっと待ってくれていて、わたしもようやく来られたという感じです。彼らがこれから教えてくれるのは「秘教」というものだそうで、わたしはそれと密接な結びつきを持つことになると言っていました。

D：彼らがどこでそうした知識を得たのか知っていますか？

M：彼らにも先生がいました。その知識は遠い昔にさかのぼるようです。真理として継承されています。

この先生たちはエッセネ派のような印象を受けた。確証されたわけではないものの、エッセネ派はイエスに教えを授けたとされる神秘的グループだ。この先生たちはまさしく、庶民には入手できない知識を有するグノーシス主義の秘密結社のメンバーのように思われた。

エッセネ派は長きにわたって活動していたため、わたしはメアリーが退行した時代がイエスの時代の前なのか後なのかを特定したいと思った。『イエスとエッセネ派』でうまくいった手法は、救世主について尋ねることだった。

D：あなたの国にもう救世主は現れたかどうか、知っていますか？

M：（少し沈黙）救世主？

D：救世主という言葉を聞いたことはありますか？

M：救世主？　何かがいつか現れる、といった話かしら。その話は聞いたことがありません。

D：あなたの住んでいるところにユダヤ人はいますか？　ユダヤ教を学ぶ人たちは？

M：（長い沈黙）ピンとこないようです。

D：これをお尋ねしたのは、いつか救世主が現れるというのが彼らの信仰の一環だからです。あなたもその話を聞いたことはないかしら。

M：そういった話は……そういった知識はないように思います。

D：わかりました。どの時代にいるのか判断したくて訊いたのですが、時代を判別するのはとても難しい場合もありますからね。では、国の統治者は誰だかわかりますか？

『イエスとエッセネ派』では、統治者が支配した年数をもとに時代を計算した。でも今回はその手法が役立たなかった。

M：いいえ、わかりません。わたしは小さな共同体で育ちました。ずっとこの時を待っていた気がします。わたしが理解していることは外部からの影響を受けていません。温室育ちの人生を歩んできたようです。わたしたちには小さな村の共同体があって、わたしは村の人たちのことは知っていますが、それより広い世間のことは何も知りません。ほぼ何も知らない状態で教えを受けられるよう、それまで誰にも何にも触れられずに生きてきたみたいです。

D：外の世界からはどんな形でも影響を受けないように育った、ということですね。

M：そう思います。

D：わかりました。では、以前に他の教えを受けたことはありますか？

M：両親から教わりました。とても優しい両親です。村での生活はとても平和でした。素晴らしい子ども時代でした。母はわたしが大好きな平たい菓子パンのようなものを作ってくれます。鉄板の上で焼くパンです。それがわたしの好物みたいです。（彼女は急に回想をやめた）でも、わたしはもう子どもではありません。人生の新しい段階に入るとき、そうした懐かしい思い出をしまうときが来ました。

D：でもしまっておいても、懐かしい思い出は残りますからね。兄弟姉妹はいますか？

M：（少し沈黙した後、驚いて）あら！　小さな妹がいるみたい。とても仲良しの姉妹です。

D：思ったのですが、あなたはそろそろ結婚を考える年齢ではないですか？

M：ええ、でも結婚が自分のすべきことだとは思いません。今は生徒の立場にいるのがとても幸せです。それをずっと待ち望み、楽しみにしてきたから。わたしを教える上で、先生たち一人ひとりに役割があるようです。彼らは分担してわたしの教育をすることになっています。まるで……（沈黙）

D：まるで、なんですか？

M：まるで寺院での公職のようなものに就くための徹底的な準備がこれから行われるみたいです。

D：では、学ぶことがたくさんあるということですね？

M：ええ、広範な知識、スピリチュアルな基本原理、真理を学びます。

D：今教わっていることをわたしに教えてくれますか？

M：ええと、今はまだわかりません。まだ教えを把握していないから。教えを共有することに迷いはないけれど、それは自分が理解してからの話です。

教えを受ける期間がわりと長引きそうだったので、わたしは話を先に進めることにした。いつもはクライアントに、「その人生の重要な日まで進んでください」と指示することにしている。わたしたちの現在の人生のように、ほとんどの人生は平凡で単純な日常のルーティンにあふれているため、もし重要な焦点となる日があるのなら、その日を特定するためにはそう指示するのが最も効率的な方法だ。重要なことなど何も見つからない過去世もあったが、先述したように、それらの過去世は退行が空想である可能性を消してくれる。アビゲイルとしてのメアリーの時間を進めると、彼女の表情や身体的な反応から、何かが起こっていることがわかった。わたしは何が起こっているのかと尋ねた。返答はなかったが、疑う余地のない身体的反応があり、深いため息が漏れたので、わたしは何か不穏なことが起こっているのだと知った。

D：何が起こっているのですか？

M：わたしは……年齢を重ねたようです。先生たちはもう身近にいません。

D：彼らと長い間、勉強をしたのですか？

M：ええ。十四年間。

D：今はどこにいるのですか？

M：（沈黙）ここは……神殿のようです。何かがおかしい……何か問題があるようです。

D：どういった問題ですか？

M：（長い沈黙）わたしは教える許可を与えられていないようです。頭がいっぱいで……まるで頭を締めつけるバンドが巻かれているみたいです。知識を伝授する許可を受けていません。わたしの……同胞から。まるで……追いやられたみたいです。

D：でもあなたにはたくさんの知識があるのに、なぜその人たちは教える許可を与えてくれないのですか？　継承すべき重要なことをたくさん知っているのに。

M：わたしの知識をよく思っていないからです。

D：その人たちは誰なのですか？

M：目上の男性たちです。わたしは女性です。彼らいわく、女性はどんな知識も教わるに値しないそうです。わたしはこういった知識を持つべきではなかったと。彼らはわたしに教えさせたくないのです。（苦しそうに）頭が！

クライアントが身体的な違和感を覚えているときは、必ずそれを取り除くことにしている。本人が何かしらの痛みや不快感を実際に再体験しているというよりも、そうした感覚は客観的観点から伝えられる。それを取り除くことで、クライアントは平静を保つことができ、わたしがいつでも対応できるのだと知る。身体的違和感に気を取られることなく退行に集中してもらうのにも役立つ。わたしは彼女に健やかで安心できる暗示をかけてから、他者に話せないようなことでも、わたしには話しても安全だと思えるように自信を与えた。

D：他の人たちに話せないとしても、わたしには話して大丈夫ですよ。ずっと教えてきたのですか？

M：子どもたちに。子どもたち……わたしのもとに連れてこられた子どもたちに教え、知識を伝えていました。両親に連れてこられる子たちに。わたしたちは神殿の階段に座り、ゲームをしたり物語を話したり踊ったりして学んでいました。わたしはこの子たちの知性に光を灯していました。

D：それは素晴らしい教え方ですね。子どもたちにとっては理解するのが難しいこともありますから。わたしのことを子どもだと思って、そうした知識を少し教えてもらえないかしら。わたしが知らないこともあるでしょうし、わたしは学ぶのが好きなんです。どうやって教えていたのですか？

M：わたしたちは鳥を飼っていました。小さくて白い……ああ、鳩のような。とても美しい……（彼女は突然思いだした）コキジバトです。あのコキジバトは特別な存在で……わたしの友だちでした。とても仲良しだった。わたしはその鳩を例にして子どもたちに教えました。ケージに入れた鳩を連れてきて、ケージの扉が開いていることを子どもたちに見せました。

鳩はそこから出てあたりを見回し、初対面の子たちの顔を見て、いつもより広い空間を歩き回ることができました。実際に翼を広げて飛ぶこともできました。わたしは子どもたち全員にこういったチャンスがあること、もっと深い知識に続く扉が開いていることを示しました。わたしのところに来て学びの時間を持てば、世界は彼らの小さなケージよりもっと広いことがわかるだろうと。彼らのスピリットはこの空間に広がっていけること、彼らが飛翔するのに障害となるものは何もないこと、彼らも舞いあがってスピリットという風に支えてもらえるということを。高く、高く、上昇していけるのです。そして、この俗世的な地にいる人たちのもとに戻ってこられることを教えました。「おいでよ、僕が、わたしが見つけたことを見せてあげる！　一緒に飛ぼうよ！」彼らはそう言って、他の誰かを連れていけるのです。

D：美しい教えですね。

M：ああ、あのコキジバトは素晴らしく、素敵なスピリット・フレンドだったわ。

D：そのお話はいいですね、わたしにも共感できます。

M：ええ、そうです。世界には人の想像を遥かに超えるものがあるのです。子どもたちはかけがえのない存在です。

D：他にどんなものを見せたのですか？

彼女は当時の回想状態からシフトして、まるでその場面に移動したかのようにそれを体験しはじめた。

M：階段の上に何か赤いものが置いてあるわ（彼女はそれを観察しているようだった）。二片の材木のようですね。円柱状の。そこに置いてあるということは……何かに使うみたいです。

D：何に使うのかしら？

M：（はっと気づく）ああ！　リズム教材だわ。パーカッション代わりに使うの。（大きく笑って）子どもたちが踊るときに、それでリズムを刻むんです。ちょっと見てみますね（彼女は何かを見ているように動きを止めた）。

D：何をしているのですか？

M：（笑って）ああ、階段を上り下りして踊っています。階段はとても幅があって広々としているから。奥行きがあって、横幅も長い。ちょうどいい場所だわ。（意外なように）林の中にいるのとあまり変わらない。ほら、柱や覆いがあって……（楽しそうに笑って）影になっていて涼しいけれど、反対側には日が射しています。子どもたちはここに来てとても喜んでいるわ。広々としているから。それにわたしと過ごす時間も。全員にとって、とても特別な時間なのです。わたしたちはダンスを通して学びます、出たり入ったり、くるくる回ったり。

D：ダンスでどういったことを学べるのですか？

M：内に抱いている感情を身体表現する重要性を学びます。自分の内にあるものを行動で実現させること。リズムや音楽を伴奏にして、解放と喜びをもたらすシンプルなリズム、シンプルなパターン、シンプルなステップを学びます。タンバリンも使っています。彼らが大人になって教える側になったときに必要となる表現方法を、幼いうちに学ぶことができます。表現することを忘れてはいけません。表現を内に抑えこむのではなく、それを声に出して行動に移すよう励ましています。パターンを見つけて、ゴールがあることを知りなさい、と。そういった教えがすべて、この可愛らしいダンスにこめられています。今はひとつのパターンを学んでいますが、大人になって特定のパターンや特定の行動を自然に表現するのが難しくなったときに、ここで学んだパターンを役立てることができるでしょう。幼い頃、自分がどれだけおおらかに表現していたかを思いだすことができるでしょう。自分の内に生まれた喜びを、自由を、幸福を思いだすでしょう。神の言葉には大きな**喜び**があります。神のスピリットには大きな**喜び**があるのです。そのスピリットが通り抜けて行動に現れるのは、とても喜ばしい経験です。

D：本当にそうだと思えます。あなたはとても優れた先生ですね。
M：ああ、ありがとうございます。
D：とても良い教え方だわ。
M：（嬉しそうに）ありがとう。

彼女はどうやら、自分の仕事を褒められることに慣れていないようだった。

D：今はなんという町にいるのですか？　どこにある神殿ですか？
M：エルサレムです。
D：あなたが使っている指導法に名前はありますか？　あなたがメンバーであるかもしれない組織、あるいはグループのことが頭に浮かんでいるのですが。
M：わたしは……単独のようです。
D：どういう意味ですか？
M：どことも関係がありません。わたしは……神殿に**所属**しているようですが。ここで寝起きしていますから。必需品は神殿での仕事を通して得ています。
D：大規模な神殿のようですね。

M：ええ、大きな神殿です。開放的で、高い柱や祭壇があります。
D：その神殿はなんの宗教に関係しているのですか？
M：（少し間があって）ユダヤ教だと思います。

これは彼女が他のグループに関係していることをさらに示唆していた。そのグループはエッセネ派だろうか？

D：先ほど神の言葉のことを話していたから、どの神を信仰しているのかなと思ったのです。
M：ああ、わたしの見解は男性たちの見解とは異なります。子どもたちといる間は調子を合わせています。わたしの見解に関しては黙っていることになっているので。
D：あなたの見解におかしな点はないように思いますけど。
M：祭司たち……（彼女はためらい、言葉にするのが難しいようだった）。わたしにはすごく不快に感じられるんです。彼らの行動も教えも。彼らはとても**閉鎖的**で**陰鬱**で、光ではありません。**誠実**でさえない。神はわたしたちの**すぐそば**にいるのに、彼らは人々と神の間に隔たりを置こうとします。神は手の届かないどこか**遠く**にいるわけではありません。神はわたしたちに**腹を立てて**いません。神は美しい動物を殺して捧げなさいとわたしたちに求めたりしません。神はあらゆる瞬間、わたしたちと**共に**います。わたしたちの一部なのです。わたしたちの内に生きているのです。わたしたちは肉体に宿った**神**なのです。**わたしたちがそれなのです**。神はわたしたちが到達できない、どこか遠くにいる**存在**ではありません。わたしたちは無価値な大衆ではありません。わたしたちは**一人ひとりが**神聖で、神を信じる心を与えられ、その神聖さの本質を備えています。ただ、それが**覆い隠されていて**、外に輝きを放てなくなっています。（彼女はすべてを静かに、けれども力強く話した）。やりきれない思いです。わたしには深い見識があると実感しているのに、教えることができないから。

D：だからわたしが来たのかもしれませんね。わたしに教えてくれたら、それほどの制約を感じなくてすむでしょうから。ところでその祭司たちは異なる信念を人々に教えているのですか？

M：彼らの教えはとても高尚に聞こえます。庶民の遥か上をいくような。祭司がいなければ、庶民が神に直接近づくことはできないと言っているように聞こえます。それが彼らの役目なのですが、そのせいで人々は神が自分の内にいることがわからないままなのです。

D：女性教師はあなた一人だけですか？

M：ええ、わたしだけです。わたしには一種の仕事があります。主流派からわたしを遠ざけるには、そしてわたしを女性にふさわしい立場に置くには、子どもたちの相手をさせるのが好ましいみたいです。

のちに調べてわかったことだが、イエスの時代はどんな学校にも通うことは必要とされていなかった。ユダヤ人の男の子が教育を受ける場合、唯一ある学校はシナゴーグと繋がりがあり、教科書はヘブライ語の聖書だけだった。ユダヤ人にとっての知識は、「モーセの律法に関する知識」、つまりトーラーを意味した。他に教わることは何もなく、教育は「宗教教育」だけを意味していた。「律法」を完全に理解し、それを説明する能力を有する者が指導者を志した場合、その人は「教養のある人間」、つまりラビと見なされた。律法の厳格な条文を遵守することは、当時の教養ある人間の優れた特質とされていた。

『イエスとエッセネ派』でわかったのだが、当時のパレスチナでは（現代のわたしたちが知るところの）とても強い男性優位主義的な考え方があった。女性には明確に定義された役割があり、それから少しでも離れることは容認されていなかった。女性は教育を受けず、礼拝では男性と混ざらないよう、寺院内に女性専用のセクションがあった。アビゲイルはユダヤ人ではないことを示唆していたため、それらのルールに反していたわけではない。彼女はおそらく、こうした規則に制約されない別のグループから教育を受けたのだろう。エッセネ派はそのような制約を設けず、各自の希望と学習能力に応じて誰にでも教育を授けていた。

男性の祭司たちは、アビゲイルが教育を受けただけではなく、彼らに馴染みのない分野に広く通じていたことにひどく気分を害していたはずだ。それを彼らは許せなかった。容認できることではなかったのだ。

アビゲイルが歓迎されていない場所に配属された理由については明らかにされなかった。男性たちは彼女がそこにいることを望んでいなかったようだが、彼女を追い出すこともできなかったらしい。彼らの唯一の解決法は、アビゲイルがその秀でた知識と異なる考え方で彼らに脅威を与えない立場に彼女を置いておくことだった。子どもたちの相手をするという女性の役割を与えれば、彼女が悪影響を及ぼすことはないと考えたのだ。彼らは間違っていた。彼女はすぐに、遊びを装って慎重に子どもたちに知識を伝える教え方を編みだした。しかし本物の知識を伝授することができず、それが彼女に頭痛を起こしていた。彼女が言ったように、まるで頭を締めつけるバンドが巻かれているようだった。そして彼女は、解放されたがっている情報から来るプレッシャーで、頭が爆発しそうな気分だったのだ。

D：伝統的なユダヤの教えも学びましたか？

M：わたしにはそうした知識はなさそうです。

D：救世主の話を聞いたことがありますか？

M：（間を置いて）救世主のことは知りませんが、教えを説いている男性がいるようです。彼もまた、祭司たちに対して不満があります（ため息）。わたしと似たような見解を持つ男性がいるようです。（間を置いて）神の国は汝らの内にある。寺院は神を人間から引き離してはいけません。寺院は統合の場所であるべきです。人間は聖なるスペースに入り、その胸の内に直接神を招くことができるようになるべきです。犠牲や仲裁を必要としなくても、あの聖なる地に立って神と直接語り合うことを許されるべきなのです。

D：同感です。その男性のことですが、あなたは彼に会ったり、彼の話を聞いたりしたことがありますか？

M：彼はわたしが教えている神殿の階段とは別の場所にいたことがあると思います。ここは長方形のようになっていて、わたしは建物の長辺にあたるところで教えています。彼は神殿に入ってくるときの狭い端側に立っていました。

D：彼が人々に語りかけるのを聞いたことはありますか？

M：彼が語っていたとき、わたしは階段の反対側で子どもたちに教えていました。

彼女の話し方が過去形から現在形に再び変化した。その時のことを追体験して報告するために、当時に戻ったのだと思われる。

M：彼の話し方には威厳があります。彼が何者なのか、すごく気になります。

D：彼が何者なのか、誰かが話していませんか？

M：とても珍しいことですが、男の人がわたしたちに手招きしています。子どもたちとわたしにこう言っています、「来なさい！　彼の話を聞くべきです。あの人は神の子です」

D：その男性も階段のところにいるのですか？

M：彼は人が集まっているところへ向かって走っています。

D：あなたも彼と一緒に行こうとしているのですか？

M：わたしは迷っています、あの人が話すのを聞きに行こうか——でも、子どもたちを置いて行くわけにはいかないし。この子たちを……わたしは……今回はこの子たちを連れて行く気になれません。この子たちを連れていった先に何があるかわからないですから。子どもたちのことに関しては気をつけているんです。

D：子どもたちを危険にさらすわけにはいかないですから、賢明な判断ですね。あなたはその男性が何者かを見に行かずに、子どもたちと一緒にいるつもりですか？

M：迷っています。半々の気持ちです。

D：とても気になるんですね。

M：ええ。あんなふうに威厳をもって話す人が誰なのかを知りたい。

D：彼が話すのが聞こえますか？

M：声は聞こえます。抗いがたい威厳のある話し方です。（笑って）ああ！　子どもたちのところに戻らなければ。わたしには責任がありますから。

D：でも今いるところでも彼の声だけは聞こえるんですね。

M：彼はとても遠くにいます。話しているのは聞こえるけれど、言葉は聞き取れません。声の調子はわかります。とても明瞭に話しています。

D：彼が何者なのか、いつかわかるかもしれないですね。そして彼の話を近くで聞くことができるかもしれませんね。

わたしはその日のセッションを終わらせようとしていた。セッションを始める前、メアリーが今日は用事があるので定刻にトランス状態から抜けたいと言っていたからだ。アビゲイルがその男性のところに行って話を聞くつもりがないのなら、今回は多くを知ることはないだろう。その男性がイエスかどうかはわからなかったが、話の方向がそうであることを示していた。わたしはそれを追求して確かめたかった。この出来事にはもっと時間を割きたかったし、時間もテープも尽きかけていたので、今はそれ以上話を進めたくなかった。話の続きは次のセッションでするつもりだった。

M：なんだかわたしたちは知り合うことになる気がします。お互いを引きつける共通の理解があるから。わたしは待てるわ。

D：ええ、本当に、同じ考えを持つ人たちは大抵お互いを見つけますからね。ところで気になったのですが、ユダヤ人はいつか救世主が現れると信じていますよね。彼らが救世主の出現を期待しているというのは本当ですか？

M：ええと……わたしはそうした期待を抱きません。わたしの心にあるのは光で、純粋だから。まるで怒りや恐れや非難は受けつけないような感じです。わたしはそうしたことを心に抱かないから。

彼女はいかなる伝統的ユダヤ神学も故意に締めだしてきたか、それに触れてこなかったようだ。どうやら世間から隔てられてきたらしい。セッションを始めた頃、彼女は何も知らない状態で先生たちの授業を受け始めたと言っていた。おそらく意図的にそう育てられたのだろう。伝統的な学派から影響を受けないように。

D：では、男性たちの教えは一つも受け入れていないのですね。

M：自分の周りに一種のシールドが張られているみたいで……彼らの教えは受け入れません。

D：そうした教えを遮断する理由はよくわかります。その男性たちはとても否定的ですものね、神に奉仕する祭司のはずなのに。

M：**偉そう**なのです、きつい言い方をしてごめんなさい。でもあの男性は光をまとっています。だからこそ、いつか知り合うと思うのです。

D：彼が見えますか？

M：ええ、彼の周囲に光が見えます。

D：建物を周って見に行ったのですか？

M：いいえ、柱と柱の間に彼が見えます。彼は移動したけれど、見えています。ああ、彼は光だわ。

D：いつも人の周りに光が見えるのですか？

M：子どもたちの周りにはたまに見えます。でも彼の光は別格です。彼は周囲に白い光をまとっています。

D：ああ、とても美しいでしょうね。

M：そう、あの光が彼を周囲の人たちとは別格にしています（笑う）。

D：（笑って）彼の容姿が見えますか？　遠すぎるかしら？

M：わたしから見て横を向いています。白い服に、茶色いものがウエストのところで……布地を前から後ろの方に羽織っているのかしら、それがウエストのところで留めてあります。
D：顔はどんな様子か見えますか？
M：いいえ、遠すぎます。わたしたちは志を同じくしているわ。まるでわたしたちには結びつきが……これだけ離れていても、結びつきがある気がします（はっと息をのむ）。
D：どうしました？（彼女がまた息をのむ）何があったのですか？
M：大変！　彼も結びつきに気づいたんだわ。
D：えっ？
M：彼が来る！　こちらに向かっています！　階段に向かって来ています。子どもたちに会いに来るんだわ！（声に完全な畏怖の念が表れている）。

それなのにテープが終わりかけていた！　メアリーには時間の制約があったため、新しいテープを入れ替えるわけにはいかなかった。こんな時にこうしたことが起こるなんて、タイミングが悪すぎる。わたしはもどかしく思いつつ、彼女を動揺させずにセッションを終わらせなければいけなかった。そうすれば、次のセッションでもっと詳しく調べることができる。

M：群衆が彼のあとからついてきている。彼は子どもたちがまとう光に気づいています。わかっているんだわ。わたしたちが同じ志を持っていることを。

D：ええ、とても美しいでしょうね。でも残念ながら、ここで終えなければ。話の続きを聞きたいけれど、時間がないですから。今日はこれでおしまいです。次の機会に同じ場面に戻ってもらえるかしら？

M：ああ、でもあの男性のことをもっと知りたいです。

D：では、次回にこの場面から続けましょう。とても美しい話を聞かせてくれてありがとう。では、その場面から去りますよ。

彼女はまだ畏敬と歓喜の声を漏らしていた。終えるのは本当に嫌だったが、他に選択肢がない。彼女には「現実世界」で果たすべき義務があったのだ。

D：その美しい感覚を抱いたまま、その場面から離れていきましょう。次の機会に戻りますからね。その美しさと温かさ、愛をそのまま連れてきて、その場面から離れます。

彼女の表情と体の動きが抵抗を示していた。彼女はそこを本当に去りたくないのだが、催眠療法士であるわたしの指示に従うしかなかった。どれだけ望んでも、トランス状態に留まることはできないのだ。その場面が消えていき、彼女は時間を引き戻され、部屋に戻ってきた。

D：大丈夫ですよ、また戻りますから。約束します。

わたしは彼女の人格を現在に誘導し、メアリーは完全な意識状態に戻った。目覚めたとき、彼女はまだその終わりの場面に魅了されていた。彼女が泣き始め、わたしはそこから引き離したことを謝った。彼女はセッション時間の制約を設けた当の本人だったので許してくれたが、それでも依然としてがっかりしていた。わたしはすぐに新しいテープを入れ、目覚めた後の彼女との会話を録音した。

D：あなたが話したことを少し記録しておきましょう。見つめ合った瞬間、一目惚れだったと言っていましたね？

M：圧倒されるような深い理解がありました。そこから離れましょうと言われたのが信じられなかった。だって、わたしはそこに**着いた**ところだったから。とても**強烈**だったわ。

D：ごめんなさい！（笑）

M：ドロレス、あれは今生でわたしに起こった事柄、まだ理解できないでいる事柄を示しているみたいです。わたしは大切なものから引き離されてきたの。（決意したように）でもまた戻りますよね。

D：ええ、戻ってあの場面を終わらせましょう。ところで、彼にそれほど近づいてはいませんでしたよね、多分……

M：手を伸ばせば彼の手に触れられるほど近づいていました。

D：では顔を見ましたか？

M：ええ。（畏怖して）彼の目を見つめていました。

D：どんな顔でしたか？

M：ああ！　力強く……穏やかで……愛そのものでした。その顔には愛しかなかった……あれは**愛**でした。彼の目は……そこには愛しかなかった。彼は大柄ではなかったわ。**とても**穏やかで、**とても**優しかった。ああ、ぜひとも**戻る**べきだわ。

D：彼の髪の色は？

M：（間を置いて）日が当たると赤みがかっていたような気がする。

D：目の色は見ましたか？

M：いいえ。とても奥深い眼差しでした。奥に終わりがないような。その目はまっすぐ……まっすぐに内側を見つめていました。（笑って）よく言いますよね、「相手の目に心を奪われる」って。そんな感じでした。子どもたちはとても興奮していて、あの場で何かが起こっていることを感じていたのでしょうね。誰を見ていいのかわからなかったみたい（笑う）。

D：あんな最悪のタイミングで終えることになったのは初めてでした（笑）。いつもはもっと要領よく進めるので、今回のような混乱と不満は起こらないのですが。

わたしはメアリーの私生活をよく知らなかった。ベッドの端に腰かけた彼女は、結婚と離婚を三度繰り返したと打ち明けてくれた。これまでの人生ではずっと、愛したものや人から引き離されてきたそうだ。彼女は今回のセッションのことも同じように感じていた。彼を見た瞬間（それは彼女の単調で不幸な人生のハイライトだっただろう）、わたしが彼女をその場から去らせたからだ。彼女はその男性に感銘を受け、彼のことをもっと知りたいと思った。彼女の描写や反応から、その男性はイエスだとわたしは確信した。だからこそわたしは、彼女が遠い目をしてこう言ったとき、驚いた。「あの人は誰だったのかしら」

わたしは驚愕して訊いた。「わからないのですか？」。彼女は見当もつかないと答え、彼は間違いなく並外れて特別な人だとだけ言った。わたしは自分の推測を伝えるつもりはないと応じ、次のセッションで彼女自身に発見してもらうつもりだと話した。彼女の発言は、イエスと出会える夢のようなタイムトリップを経験したいという潜在的願望がいっさいないことを示していた。彼がその人物だということにさえ気づいていなかったのだから。

彼女は荷物をまとめ、深いため息をついて車に乗りこんだ。これからまた、植物を配送する毎日の仕事に戻っていくのだ。

彼女が語った場面がわたしの頭から離れず、優しく甘やかな雰囲気が周囲にたちこめていた。そう、わたしたちはあの場面に戻る。時を超えて彼女が連れてきたあの類まれなる男性について、もっと知る必要があった。

第3章
癒やし

前回のセッションをあのように重大な局面で唐突に終わらせることになり、メアリーもわたしもひどく心を乱された。わたしは翌週のセッションで、可能なら同じ日に退行しようと決意していた。願わくば、わたしがイエスだと考えたあの類まれな男性とアビゲイルとの出会いの物語を続けたい。

セッションを始める前に、メアリーはあの神殿の階段での子どもたちとのダンスについて語りたがった。わたしたちはソファに腰かけ、録音を開始した。こうしたケースに取り組むときに記憶やメモに頼ろうとするのは賢明ではない。録音していなければ大量のディテールが失われることもあり、あとになってそれらが非常に重要だと判明する場合もあるからだ。偶然出た些細な発言が重要な関連性をもち、それによって話が符号することもある。録音したものを書き起こすまでに数週間かかることも珍しくないが、テープレコーダーは必要不可欠なツールだった。

メアリーの遠い目をした表情から、彼女があの場面を視覚的に追体験していることがわかった。彼女はまた階段で屈託なく笑っている子どもたちを見ていた。

M：映像として浮かんだのは、子どもたちとわたしが一列に並んでから、回るように動いて小さな円を作る場面です。それからわたしたちはリーダーに従ってその円をほどき、またばらばらになります。そして回るように動いて、また小さな円を作ってから、それをほどきます（彼女は身振り手振りで説明した）。このダンスの目的は、人生には自分を内観して静かに独りになるべき時期があるのだと象徴的に説明することです。そして世間に出て、自由に心を広げるべき時期もあるのだと。その次にはまた自分の内側に戻って独りきりになり、再び世間に出ます。人生は内向的な時期と外向的な時期のバランスを取ることだ、と彼らに理解できるようにダンスを例に用いて教えていたのです。わたしにはその象徴的な意味合いがわかりました。クリスタルのようにはっきりとわかったのです。

D：あと、棒のようなものとタンバリンを使うとも言ってましたね。

M：ええ、それはパーカッションの代わりとして、違うダンスに使っていました。そのダンスの目的は先ほどのものほど明確にはわからなかったけれど、子どもたちが階段の上にいるのが見えたわ。一続きの階段の下に広い踊り場があって、そこでダンスをしたのだと思います。神殿の階段は通常のものとは違って、まず一続きの階段、次に広い踊り場、また一続きの階段がありました。だから、その別のダンスは広い踊り場でしたのだと思います。

D：最初、階段の上でダンスをしていたと聞いて妙に思ったのですが、きっと現代のわたしたちが考えるような階段じゃないのでしょうね。

M：とても広々とした階段なんです。わたしはそんなふうに子どもたちに教えていました。男性たちもそれなら害がないと思ったのでしょう、わたしには子どもたちを感化できないと、彼らは考えていたから。わたしはいわゆる「適切な」立場をわきまえていた。でも本当はスピリチュアルな教えをたくさん伝えていたの。あと、この夏に起こったとてもわたしらしくない出来事で、もう一つ気になる話があるんです。仕事で使っている、町の大きな園芸用品店に行ったときのことで、わたしは商業用庭園に置く植物を買おうと思っていました。ところが急に、床に置かれたハトの形の陶器に目を奪われて、どういうわけか、わたしは**どうしても**そのハトから目が離せなくて、とうとうそれを購入したの。それがどうしてわたしらしくないかと言うと、陶器は三十四ドルもしたんです。陶器のハトにその値段は高すぎるから(笑)。でもそのハトが訴えかけているような気がして。その、**衝動買い**というか。それで、先週のセッションであのハトがケージから出てきたとき、思わず「パロマ」って呼びそうになったの。その小さな陶器をそう呼んでいるから。

D：スペイン語で「ハト」っていう意味ですね。でもあのハトは飛んでいかなかったから、きっと訓練されていたのでしょうね。

M：ええ、あの子とわたしにはスピリチュアルな絆があったわ。意思疎通していたの。

D：ケージから放ったとき、飛んでいってしまうだろうと思いました。でもどうやら飛んでいかなかったようですね。

M：飛ぶには飛んだんです。周回して、飛べる自由を見せてくれました。あの子は空を飛ぶ自由、そして戻ってくる自由を見せることで、羽ばたく方法を子どもたちに教えることができるとわかっていたのです。

D：象徴的な話ですね。

M：あの子は自分がスピリチュアルな方法でわたしの教えを手伝えることを本当に理解していました。わたしたち、とっても**仲が良かった**んですよ。

D：陶器のハトを見つけたのは、わたしたちがセッションを始める何か月も前のことですよね。あなたの潜在意識がこれの準備をさせようとしていたのかしら、「もうその時期ですよ」と告げるかのように。その陶器を見せることで、記憶を引きだそうとしたのかも。

M：ええ、きっとそうだわ。あの退行を終えた日の夜、わたしはパロマの横を通りすがりにこう思ったの。「どうしてあなたがわたしにとって大切なのか、ようやくわかったわ」と。

D：記憶に繫がる大切な結びつきだったのですね。

その日の退行でのわたしの役割は、メアリーを同じ時代に誘導して、願わくばあの場面に連れ戻すことだった。わたしは彼女のキーワードを使ってアビゲイルの時代までカウントダウンした。

D：三つ数える間に時空を戻ります。三つ数えたら、アビゲイルがエルサレムに住んでいた時代にいますよ。一、二、三……時空を移動して、アビゲイルがエルサレムにいた時代に戻りました。あなたは何をしていますか？　何が見えますか？

数え終わると、メアリーの表情に変化があった。

D：どうしましたか？

M：（微笑んで）子どもたちが見えます。あなたにも見えますか？　子どもたちの近くにいます。とても大切な子たちです。

D：子どもたちは何をしていますか？

M：（笑って）ただ子どもらしくしているわ。跳ね回ったり、階段を上り下りしたり。ただ楽しんでいます。コキジバトに話しかけたりして。

D：あら、あのコキジバトが気に入ったのね。

M：ええ。あの子はとても特別なスピリットですから。

D：今はどこにいるのですか？

M：神殿の階段です。（とても愛しそうに）子どもたちは本当に特別な存在です。小さな女の子がタンバリンをとても気に入っているわ。タンバリンの端にリボンがかかっていて、彼女は踊りながらタンバリンを振るのが大好きなんです、リボンをひらひらさせるのが。今は計画的な学びの時間ではなくて、ただ一緒に楽しんでいます。

D：祭司たちはあなたが子どもたちの相手をするのを許可したと言っていましたね？

M：ええ、彼らには気づかれていませんが、子どもたちは器になっています。わたしが授かった知識と教育を保管する器です。子どもたちはこうして一緒に何をしているのか完全には理解していないかもしれないけれど、理解していようがいまいが、それが彼らの一部になるの。そして人生のどこかの時点でその知識が役立つときがきたら、それを引きだすことができるわ。そのパターンが出来上がっているでしょうから。

D：その知識がどこから来たのか覚えていなくても、それが役立つというわけですね。

M：そうです。わたしたちは成長過程の子どもたちの人生に大きな影響力を持っている。この年頃の子どもたちにとっては、それが条件付けのように機能するわ。彼らが大人になって人生にどう対応していくか、わたしたちはその対応の仕方に影響を与えるの。だから理解と知恵をもって準備をさせてあげれば、彼らは今後の人生において、それを記憶から引きだせるようになるでしょう。

D：そんなふうに関わっている分には害がないと祭司たちは考えているのですね。

M：わたしは無害だから。彼らはわたしが無難で女性にふさわしい仕事をしていると考えているの。子どもたちを神殿付近に留め、子どもたちが怖がらない人間、つまり女性に相手をさせていると思っている。そう、わたしの仕事は……彼らはくだらない仕事をわたしに押しつけ、それがわたしにどんな機会をもたらしたか気づいていないの。

D：自分たちの手を煩わせたくない仕事なんでしょうね。

M：ええ。女性は子どもたちの相手をするのが得意だということ、男性はそのコツをわかっていないことを、彼らも承知しています。彼らは自分の身分だとか地位のことで頭がいっぱいなので、どうしても子どもたちを萎縮させてしまうの。子どもたちを心底怖がらせるかのように（うんざりした様子で）。怖がらせるのは、あの複雑な装束、頭飾りに外衣、それに祭儀に必要な身の回り品もよ。でもここでは子どもたちもわたしも普段着で遊んでいるの。

日向で座って、暑くなれば日陰に行ける。わたしたちは普通の生活を送っているので、普通の手近な道具を使います。特権をもつ立場に就いたり、複雑な支援体制を受けたりする人は少数で、一方のわたしたちは皆、普通の日常を送っている。日常生活でよくある普通の道具を持ち、それがより大きな解釈をもたらしうることを理解できれば、普通の人々の生活において何かを成し遂げたことになるの。

D：わたしたち大人は自分で気づいている以上に影響力があるのですね。

M：ええ、その通りだと思います。わたしたちは自分がどれだけ子どもたちに影響を与えうるかを完全には理解していないと思うわ。

D：祭司たちは間違いを犯していますね。あなたは大人に対しても大きな助けとなれるのに、彼らはそのことに気づいていないのでしょう。

M：（穏やかな口調で）わたしの知識がどこに行きつくのかがわからなくて。

D：そうですね、でも子どもたちを助けるという形であなたは自分の役割を果たしているわ。

M：ええ、簡単な準備としてですね。でもわたしが得た知識すべてを……どうかしら、この知識を伝授できる相手がいつか現れるかもしれませんよね。もう頭がいっぱいで。頭が……わたしは自分ができることをするしかないけれど。

D：わたしならいつでも聞きますよ。学習意欲があるし、あなたがされていることに感銘を受けていますから。

M：ありがとう。

D：でも祭司たちがあなたを邪魔に思っているのなら、なぜあなたはそこにいるのですか？

　彼らはあなたを追い出したり辞めさせたりできますよね？

M：わたしはここに所属しているのだと思います。その点は、わたしが教わった先生たちによって取り決められました。あの学びと準備期間の最終ゴールがここだった。学び終えると、神殿に配属されることになっていたの。ここは知識を伝えて共有するための最高の場所になるはずでした。先生たちはこんなことになると知らなかったのです。こうなるはずではなかったのだけれど、今となっては何もできません。祭司たちはわたしが秘教の知恵を授かったことを理解しているし、それを民衆と共有すべきではないと考えている。わたしが教師として影響力を持つことはないわ。わたしが授かった知識がものの見事に封じられた感じです。わたしに許されている知識の共有は限られていて、その共有相手が子どもたちなのです。でも子ども相手の仕事は、わたしが準備してきたことのほんの一部です。わたしが準備してきた仕事を実行する許可がおりていないの。だからわたしの頭は……わたしの頭は締めつけられ、いっぱいになっている。

D：多分、祭司たちはあなたを恐れているのでしょうね。彼らは自分たちのやり方を通したいのでしょうから。

M：ええ。彼らは精神的指導者の立場まで昇りつめているのに、律法の書を文字どおりに遵守するだけです。知識には用がないのです。神からのギフトとして心に浮かぶことには見向きもせず、書物に書かれたことだけが必要だと考えている。わたしが授かった、人々と共有すべき知識は秘教的な教えです。彼らはその知識を必要としていません。彼らはどこか恐れているけれど、恐れだけではなく——それが律法を完成させるものだということを理解していません（彼女の言う「律法」とは、トーラーやユダヤ人の行動規範の書を指している）。彼らはその知識をスピリチュアリティの根拠のない側面、得体の知れない側面だと考えています。彼らはそれを、女性の頭の中に適切に**収納された**ものだと考えているんじゃないかしら。なぜならそれはマインドや理性というよりも、感情や直観やスピリットの知識を指すから。ああ、彼らの規則といったら！

D：どういった規則ですか？

M：彼らは**すべてに**規則を定めている。自分の心に聞くのではなく、律法の書を調べるの。彼らは律法に書かれた**文字**に注目しながら、その**主旨**を見失っているわ。

D：たとえあなたが説明しようと試みたところで、彼らは理解しないでしょうね。そうしたタイプの人たちではないでしょうから。

M：同感です。

D：でもわたしたちがこうして会うことで、あなたの秘教の知識をいくらかでも教えてもらえるといいのですが。そういったことを学べるととても助かります。そうすることで、あなたもいくらか解放できるでしょうし。

M：今はまだ……それが妥当だとは思えません。

D：今すぐにというわけではなく、いつかという意味ですよ。

M：あなたが教わりたがっていることを理解するには、まずイニシエーション、つまり儀式を受けてもらわないといけないから。その上で、本当にこの知識を引き受けたいかどうかを決めてもらうことになるの。先ほども言ったように、この知識を解放せずに自分の内に留めておくと頭に痛みが起こるから。ここからここまでが痛むわ（彼女は額の端から端までを示した）。

D：額全体にわたる痛みですね。あなたに不快感を覚えてほしくないのですが。

M：もう慣れたけれど、ここに痛みを感じています。

D：（わたしは実際の身体的感覚を和らげる暗示をかけた）。わたしが話している間はそれに悩まされないようにしましょう。どんな違和感も味わってほしくないですから。

M：ありがとう。

D：でもこうしてあなたとお会いしている間にイニシエーションを授けてもらって、その後のことを決めることもできますね。
M：それはあなた次第です。気軽に授かるべき知識ではないですから。
D：わかりました。今日はあなたたちがしている活動についてお聞きしたいです。子どもたちと遊んでいるんですね。他にも誰かいますか？
M：今はぶらついている人たちがいます。とくに目的があるとか、どこかに向かっている様子ではないですね。どちらかと言うと見物に来て、どんなものか見ている感じかしら。よそから来ているのかもしれないですね、遠くに住んでいるのでしょう。だからあの人たちにとっては、ここに来て神殿を見物するのが特別な機会なのかもしれません。上を見上げては「すごい！」（指さしながら）などと言っています。
D：美しい神殿なのですか？
M：ええ、それに巨大です。高くそびえているわ。まるで……「威圧感」と言うと語弊があるかもしれませんが、とにかく目を見張るような大きさです。
D：だから見物人たちは驚いているのかもしれませんね。それで、今日は神殿付近で他に何か起こっていませんか？

わたしはイエスだと思われる男性との出会いに戻って話の続きを聞こうとしていた。その日と同じ日なのかはわからなかった。

M：（小声で）あの男性が！

D：どの男性？

M：あの光の人です。

どうやら、また彼を目にしているらしい。頼まずともあの場面に戻っていたのだ。それがわたしたちの意図だったので、メアリーの潜在意識もそれを承知していたのだろう。

D：前回は柱の間に彼が見えると言っていましたよね、彼が威厳をもって群衆に話している、と。今もそれが見えているのですか？

彼女の表情は楽しげだった。

M：ええ。あの光です。

D：その光はどんなふうに見えるのですか？

M：白い光です。彼を**すっかり**包みこんでいる。彼の全身から放たれているわ。足元からも……彼の**全身を**包みこみ……頭まで（驚いている）。光のカプセルの中で歩いているみたい。

D：ああ、きっと美しいでしょうね。

M：すばらしい光景です。あんなふうなのは見たことがありません。彼は光です。

D：光の元はなんだと思いますか？

M：彼のスピリットよ。彼の**内なる**光が表に現れているの。あの光は肉体に閉じこめておけないのでしょう、だから外側に放たれているんだわ。とてもはっきりしています、わたしの目にははっきり見える。

D：そうしたものが見えることに驚いているのですか？

M：いいえ、違います。光が見えるのは珍しいことではありません。ただ、あの光の**質**がすごく珍しいの。あまりに白い光で。

D：ということは、人の周りに光が見えるのは、あなたにとって珍しくはないのですね？

M：ええ、そうしたことは知っていますから。

D：他の光は違ったように見えるのですか？

M：ええ。彼の光は特殊だわ。子どもたちは周囲が柔らかく光っていますよね、ピンクとか黄色とか緑色に。とても柔らかく子どもらしい輝きの宝石みたいに。でも彼のはダイアモンドの光です。とても明瞭で白く鮮烈な光。とても、とても鮮烈な。

D：彼は今、何をしていますか？

M：群衆に語りかけています。手振りを混ぜて話している。話し方にとても威厳があります。一部の人たちの行動を快く思っていないみたい。

D：彼の話が聞こえるのですか？

M：いいえ、でも彼の声の調子でわかります。言葉自体ははっきり聞こえません。別の方向を向いているので、わたしに聞こえる範囲ではないけれど、声の調子がそれを物語っているわ。

D：何かを不快に思っているのですね。

M：ええ、でも叱責というよりも……何かを説明しているようです。力説している感じですね。彼らがその真理を理解できれば、彼の光ともっと同調できるのに。

D：それは人々にとって難しいでしょうね。

M：彼の周囲に集まっている人たちは、とても暗くて重たいエネルギーの持ち主のようです。まるで……（はっと閃いたように）そう、まるで石炭の塊に話しかけている感じです（笑って）。彼らはとても暗くて重たい。それに比べて彼のあの光。彼は人々をその重たい場所から出てこさせて、彼の光を受け取らせようとしているみたい。彼は断固とした口調で人々の注意を引こうとし、話の重要性を理解してもらおうとしている。厳しいというわけではなく、よく言うように、穏やかだけれども断固とした口調で。

D：場合によってはそれが必要ですからね。

M：ええ。彼はとても愛情深いわ。まるであの石炭の集団をとても愛しているみたい（笑う）。それに彼はとても……（またはっと閃いたように）ああ！　彼は人々をダイヤモンドに変えようとしているんだわ。だから石炭という比喩が出てきたのね。あの石炭の塊は、彼のようにダイヤモンドに変身できるんだわ（彼女は自分の発見に納得していた）。

D：でも、それには大変な労力が必要でしょうね。

M：ええ、彼らはとても重たいから。とても暗くて。彼にとっては大変な労力だわ。

D：彼のところに行って話を聞きたいですか？

M：わたしには待てる気がします。子どもたちを預かっている間は、彼らの小さなスピリットに喜びと安心、安全を確保するつもりです。わたしといる間は安全な繭に入っている気分になれるように。それが教えの質を向上させるでしょうから。自分たち、つまり教師と生徒たちを一つのユニット、一体として繭で包みこんでいると、子どもたちは自分の深奥に教えを浸透させやすいと思うの。

D：前回お話したときは、子どもたちを連れていくのを不安に思っているようでしたね。その男性が何者なのか、何を話しているのかわからず、子どもたちを怖がらせてしまうかもしれない、と。

M：別の男性に「来なさい！　彼の話を聞くべきです」と言われたときのことですね。今は子どもたちのそばにいるつもりです。子どもたちとの関係がとても重要だから、何にも邪魔されたくありません。わたしたちが一緒にいるときは、まるで色鮮やかな光の球体にいるような感じがするわ。ええ、わたしはここにいて、皆でその球体に留まります。でもあの方が邪魔になるとは思いません。むしろ**彼の**光が広がって、**わたしたちの**光を包みこむでしょう。

D：そこには不安のようなものがあると思ったのですが。子どもたちが何らかの形で危険にさらされると考えていませんでしたか？

M：いいえ、わたしたちの球体を維持できるかどうかを気にしていたの。だってあの黒い石炭の塊に近づけば、自分自身のオーラ、輝き、光に影響を受けてしまう。

D：ああ、そういうことだったのですね。

M：それに子どもたちとは信頼の絆で結ばれています。あの人たちのエネルギーの近くに子どもたちを連れていきたいとは思いません。それでなくても、普段の生活でああいったエネルギーにたくさん触れるでしょうから。わたしたちには信頼関係があるので、それを維持するつもりです。

D：それを聞けて良かったです。近づくのを不安に思っていた対象は彼ではなかったのですね。

M：あの男性に対しては何の不安もありません。

D：少し時間を進めましょう。前回、彼はあなたの存在に気づいて、振り返ったと言っていましたね？

M：ええ！　まるで二人の間に結びつきがあるかのように。この物理的空間を伝わってくるような絆を感じたの。まるでわたしたちがお互いに**惹かれている**ような感覚だった。彼の内にあるエネルギーとわたしの内にあるエネルギーが似ていて、その光のエネルギーに引き寄せられるようだったわ。

D：今は何が起こっていますか？

M：彼がわたしの存在に気づいています。彼はエネルギーに敏感ですから。

D：彼が語りかけている群衆のエネルギーとは種類が違うのでしょうね。

M：ええ、そうです（くすくす笑う）。

D：（長い沈黙）彼は今、何をしていますか？

M：彼はまだ群衆に語りかけています（長い沈黙）。

彼女の表情が何かを経験していることを物語っていた。

D：どうしましたか？

M：（小声で）ああ、彼が……彼が近づいてくる。

D：どういうことですか？

M：（喜びの声）彼がこちらに来るわ。わたしたちの光に反応して。

D：あなたたちの周囲の光に彼が気づいたということですか？

M：（自信を持って）ええ、そうです！　彼には見えるんです。たしかに。彼に見えないものなど存在しないと思うわ。

D：とても特別な人なのでしょうね。

M：ええ。彼が来ました！　さっき言ったように、彼の光が広がってわたしたちの光を包みこんだわ。わたしたちは今、彼の光の一部になっています。

D：彼は今、何をしていますか？

M：（畏敬の念に打たれて）子どもたちが輝いている。子どもたちがキラキラ光っているわ。子どもたちが……（畏敬と歓喜にあふれる声で）生き生きとしていて……ああ、そのエネルギーが……ああ！　わたしの全身に電気が走っています。まあ！　子どもたちが……子どもたちが（くすくす笑う）。とても子どもらしく振る舞いながら、彼の袖やガウンの裾を引っ張って、彼にかがんでほしいと頼んでいて――彼は今それに応じています。彼は子どもたちを理解しているのね。それに子どもたちも彼に反応している。この男性は、子どもたちが少しずつ与えられてきたものの結実みたいに感じられるわ。まるでこう言っているみたい。「ほら！　わたしたち、僕たちも**こんなふうに**なれるんだ。**こんなふうになるために**皆で今、学んでいるんだ！　見て！　大人になったら、こんなふうになれるんだよ！」

D：子どもたちはそう察知しているのですか？

M：そうです。あら……わたしたちは彼の光に囲まれました。とても素晴らしく……特別な……（彼女の声に歓喜があふれ、言葉が続かなかった）。

D：特別な感情ですか？

M：はい。わたしたちは時からも空間からも抜け出て、全員が白い光の球体に入っています（深いため息）。彼は子どもたちが何を学んだのか知りたがっているわ。

D：まあ、彼は子どもたちに話しかけているのですか？

M：「どんな遊びが好き？」「好きな歌は？」「見せてもらえるかな？」と……でも子どもたちは興奮しすぎて、まとまりが……（楽しそうに笑う）。

D：群衆も彼についてきたのですか？

M：ええ、人々が近くにいます。まるで子どもたちが群衆をも変容させたみたい。今はあまり、あの人たちが暗くて重たい塊のようには感じないわ。多彩な色や感触や形をなす一群みたいに感じる。彼らが目につくわけではないけれど、集まっているわ。でもわたしたちは彼らとは同じ次元にいないみたい。

D：彼があなたたちのもとに来たときに何かが起こったということですか？

M：ええ、わたしたちは……この球体の中に留められている感じです（くすくす笑って）。わたしたちは、自分たちだけの世界にいるの（幸福そうに笑って）。とても心地良い。

D：彼はあなたにも話しかけていますか、それとも子どもたちにだけ？

M：わたしが誰なのかを彼は理解していて、そのことをわざわざ口にする必要はないみたい。彼は今、子どもたちのお手本になっているんだわ。彼がここにいること、今この瞬間、子どもたちと過ごしていることが、彼らの生涯の思い出となるでしょう。彼はそれが目的でここに来て、子どもたちにエネルギーと絆を経験させ、この白い光の中で上昇させ、時空を一時停止させている。子どもたちはこの経験を**ずっと**忘れないでしょう……たとえ他の人生に転生しても。彼らはこの触れ合いを経験したから。

D：彼は子どもたちに話をしましたか？　それともそばにいるだけで充分なのでしょうか？

M：彼は膝をついて子どもたちの目線に合わせ、彼らに腕を回しているわ。子どもたちは興奮して話をしたがっている。彼は一度に全員のことを理解しているみたい。（沈黙）彼がわたしを見ました（はっと息をのむ）。ああ！　彼はとても深く理解しているんだわ！　まあ！（彼女は感情に圧倒されそうになっていた）。

D：どうしました？

M：（泣きそうに声を震わせて）彼には**わかった**の。わたしの頭の痛みが。わたしが伝えるのを許されていない知識のことを、彼はわかっている。まあ！　彼はわたしに何ができるかを知っていて、それ故にわたしを愛してくれている。もうこれで充分な気がします。子どもたちの相手をすること、彼らの若くて成長過程にあるマインドにできるだけのことを伝えることで充分なんだわ。まあ！　彼が！　彼が痛みを取りのぞいてくれました。

D：あなたに触れたのですか？

M：いいえ。でも痛みが消えました。

彼女がこの信じがたい経験に浸りきっていたので、わたしは自分が邪魔者のように感じそうだった。

D：あなたに話しかけたのですか、それともテレパシーのように意思疎通したのですか？

M：マインド同士で理解がありました。彼は……彼は同じ重荷を抱えている。彼には深い知識と理解があります。そして彼もまた、それを広めることを許されていないようです。その共通点がわたしたちの結びつきなのかもしれません。それが彼をここに引き寄せたのかも（深いため息）。わたしたちは同じ道を歩んでいるんだわ。わたしたちはそう理解しています。

D：それが起こっている間、彼は群衆に語りかけるのを中断していたのですか？

M：はい。彼らに伝えるべきことは話し終えていました。わたしたちのもとへ来ることは彼自身のプライベートな行動のようで、群衆はそこに関わっていませんでした。彼らはただの見物人で、ただそこにいて見ていたけれど、関わってはいなかった。それに彼らは自分たちが目にしていることを理解していないように思います。わたしたちが目に入っていなかったとしても不思議ではありません（笑って）。わたしたちはとても高みに昇っていましたから。

D：高みとはどういうことですか？

M：ああ、それは……わたしたちは光の中で拡大していたという意味です。つまり……わたしたちはただ輝いていました。

D：他の人々は日常と異なる事態を目にしてさえいないということですね。彼は今、何をしていますか？

M：（穏やかに）わたしは今、そこから出ようとする気が起こらないほど平穏です。

D：彼はまだそこにいるのですか？

M：いると思います。わたしは何だか……肉体から出たような気がします。だから体に戻らないといけない。

D：そうですね、子どもたちのために。子どもたちを置いていけませんからね。

M：ああ、わたしたちは安全です。ただ……体に戻るまでは、**今していること**をうまくできない感じです（深いため息）。

彼女は自分を取り戻そうとしているらしく、深呼吸をしていた。

M：あれは癒やしだった。まるでわたしの痛みを彼が自分の中に取り入れたかのように。彼は本当にわたしを解放してくれました。だからこそ体に戻るのが難しいのかもしれません。

D：では頭の痛みはもうそれほど苦しくなさそうですね。

M：（穏やかに）もう**消えました**。**痛みが**なくなったの。それが彼の仕事であり、能力なのだと思います。彼はあの石炭の塊を包んでダイアモンドに変容させられるんだわ（小さく笑う）。彼にはその類の理解があって……彼はわたしが知らなかったレベルにいる。わたしはこんなレベルが存在することさえ、よくわかっていなかった。彼はまだわたしたちと共にいます。わたしたちはまだ白い光の球体の中にいて、一時停止しているみたい。時間の枠外にいて、子どもたちも一緒にその枠外に留まっています。

D：とても不思議な気分でしょうね、でも不快ではないのでしょう？（わたしは彼女が心地よくしているか確かめたかった）。

M：ええ、まったく。**ここから**出たい人なんているかしら？　恍惚とするレベルだわ。

D：彼に語りかけられているとき、どうして他の人たちはそれを感じないのでしょう？

M：これを受け取るために心と体をまだ開いていないんじゃないかしら。彼からギフトを与えられた気がするわ。わたしたちが成しとげてきたことを認めてくれるというギフトを。そして彼は、ただここに来てわたしたちと**共にいる**ことによって、わたしたちが前進する手助けをしてくれたんだわ。わたしたちを彼の光の中に、そしてその波動の中に招くことによって。まるでギフトを受け取ったような気分だわ。これからわたしたちは皆、**生まれ変わった**ようになるでしょう。

D：では彼はあなたに触れたり話しかけたりする必要さえなかったのですね？

M：ええ。彼は個々のレベルにいる子どもたちを承認したの。あの子たちは承認されて、自分がどれだけ重要かを理解できた。一人ひとりがかけがえのない魂であり、それぞれが特有のギフトと特別な使命を携えている。彼が膝をついて子どもたちと目線を合わせ、互いへの触れ合いを許すことで、子どもたちはそれぞれ固有のスピリットを完全に認めてもらったんだわ。彼が立ち上がり、わたしと一体になったとき、子どもたちは超越を目撃し、それによって自らも超越して、自分の肉体を超えるスピリットを理解しました。彼らは自身の内に宿るスピリットの実在性という真理に達したんだわ（彼女の声は穏やかで、畏敬の念に打たれていた）。

D：その経験を彼らから奪うことは誰にもできないですね。子どもたちのほうが心を開いているから、大人より簡単にそれを受け入れられたのかもしれませんね。

M：ええ、彼らはまだ若い身体に宿る新しいスピリットですから。彼らはまだ（くすくす笑って）**濃密になっていない**の。

D：うまい表現ですね。

M：彼らはまだ軽やかです。でもこれが永遠に続くわけではないですものね。わたしたちは……通常の状態に戻りつつあります。

D：雲泥の差があるでしょうね。

M：ええ。そして彼は行かなくてはなりません。彼は階段を降りながらわたしたちを祝福しているわ。こうした機会は滅多に得られないのだと話しています。わたしたちにとってかけがえのない時間だったように、彼にとってもかけがえのない時間だった、と。まるでわたしたちが特別な存在みたいに。彼がわたしたちにとってギフトだったように、わたしたちも彼にとってギフトだった、と。

D：それは良かったですね。あなたも一役買って、彼を助けたんだわ。

M：ええ。(子どもたちに向かって）ねえ、みんな、すばらしい経験をしたわね？

D：子どもたちはなんて言ってますか？

彼女はわたしを無視して子どもたちに話し続けてから、その経験を振り返り始めた。

M：わたしたちはあのレベルまで到達できるし、わたしたちも彼のようになれる。小さな理解を積み重ねることが準備となって、大きな理解に繋がるんだわ。この人生で望むかぎり大勢の人たちと触れ合えるかどうかはわからないけれど、わたしたちの魂が今この瞬間に大きな前進を遂げたことはわかる。わたしたちはギフトを与えられた。まるで……ああ！　このギフトの大きさに圧倒されるわ。まるで今いる場所から何年も何年も先に運ばれたような気がする。彼が時間を超えさせ、ほんの先ほどまでの人生を何度も転生させたかのように。子どもたちも今はわたしと同じく圧倒されています。自分たちが生まれ変わったことを理解している（深いため息)。そろそろ自分の体とマインドの中に入り直さないといけないわ。日が暮れてきたので、親が子どもたちを迎えに来ます。

D：子どもたちは両親に何を話すでしょうね？　何も話さないかしら？

M：わかりません。子どもたちの理解レベルは両親たちのレベルと異なるから。

D：生涯に一度きりの経験をしたようですね。

M：ええ。わたしもそう感じます。この経験は……とてつもないギフトでした。

D：その男性は誰だったのですか？　知っていますか？

M：彼は名乗らなかったわ。わたしも尋ねませんでした。でも彼は光だった。彼は**たしかに**神の子だったわ。この時代、この地上にいる誰よりも高いレベルの理解に達していました。彼はまるで、わたしが教わってきた神秘すべてを具現化したような存在だったの。神秘を具現化したときに現れる姿が彼なんだわ。彼は完成形だった。彼がわたしたちに教えてくれたこと……彼はわたしたちを別次元に**上昇**させた。そうして上昇させることで、**わたしたち**に何ができるかを経験させてくれたの（ため息）。それに……

D：彼は神の子だと言いましたね。わたしたちは皆、神の子ではないのですか？

M：そうです。彼はただ、その能力において**神により近い**ということなの。先ほど石炭の塊についてお話しましたよね？　彼らがあれほどの光に到達するには**長い**道のりがある。子どもたちもわたしも石炭の塊ではないけれど、彼ほどのレベルの光ではありません。それでもわたしたち**全員が**神から放たれる自らの光に戻ろうとしているの。あの男性が……彼がこの地上を歩みながらあのレベルにいるということは……わたしにはわからない……とても理解できない……彼はとても特別な人だわ。

D：そのような人は身近にたくさんいないでしょうね？

M：いません。あのような人には会ったことがありません。彼には使命がある。彼はまるで、わたしたちを残して、自分が歩もうと決めた道に戻っていくようでした。わたしたちのところへ来たのは寄り道であるかのように。この道は彼が歩んでいる本道ではないのです。でも彼が回り道をしてくれたことは、わたしたち全員にとってギフトだったのはたしかだわ。彼がわたしたちの心の糧となったように、わたしたちも彼の心の糧になったような気がします。(突然、現実に戻って) ああ (ため息)、最後まで残っていた子どもたちも帰ろうとしています。ロウソクを灯す時間だわ。今夜はベッドでこのことをたっぷり考えてみます。

D：ええ、そうしてください。その経験を話してくれて感謝しています。また会ったときに、今回のような経験をもっと話してもらえますか？

M：今回のような経験がまた起こるとは思えないけれど。

D：今回のような経験でなくても構いません。あなたの知識をまた教えてくださいね？

M：ええ、もちろんです。(感情をこめて) わたしの**人生を**あなたと共有します。

D：そうしていただければ光栄です。

M：今は一人になりたい。

D：わかります。今日の出来事を振り返るために一人になりたいですよね。ありがとうございました、また別の機会にお会いしましょう。

M：ありがとう。

D：さあ、その場面を去ります。その場面から離れて、アビゲイルを休ませ、彼女が経験したことを振り返らせてあげましょう。

わたしはそこでメアリーを完全な意識状態に戻した。あまりに深遠な経験だったため、テープに記録された強烈な感情を伝えるのは不可能だ。その経験を語る彼女の声は穏やかで、ベルベットのようになめらかだった。彼女は完全に畏敬の念に打たれ、その経験にのまれていた。わたしは話に耳を傾けながら深く感動し、その奇跡を噛みしめるように味わおうとした。質問をすることによって、自分が邪魔をしているように感じることも多々あった。現在に戻って目覚めても、彼女はその経験の魔法にまだとらわれていた。その経験がやがて消えていくことを充分に承知しながらも、それを少しでも留めようとしているようだった。彼女は目覚めていたが、ベッドに横たわったまま頭の中で出来事を細かに反芻していた。あらゆる意味で信じられないほどの美しい体験で、それを手放したくなかったのだ。
わたしはまた録音を開始した。以下は彼女が目覚めたあとの会話の一部である。

M：自分の部屋で、眠れずに目を大きく開いていたのを覚えています。目が冴えていたのは、あの軽やかなエネルギーがまだ自分の周りに残っていたからなのか、その日の出来事を理解しようとしていたからなのかは、よくわかりません。でもあの晩、わたしは一睡もできなかった。

わたしは声の音量をあげて部屋を歩き回り、彼女が自分でかけた魔法を解こうとした。

D：ええ、並外れた経験でしたね。
M：（彼女はまだ記憶を手放そうとしなかった）わたしたちは……わたしたちはまるで地球から連れ去られたかのようだった。あの光の球体のとりこになった気がしたの。わたしたちは時空を超えていた。わたしたちは人の目に映らなくなっていたと思えてなりません。
D：見ていた人たちは誰も何が起こっているのかわかっていなかったと思いますよ。彼らはおそらく不思議なものなど見ていなかったでしょう。

M：多分そうですね。どういう仕組みかはよくわからないけれど。

D：その人たちは皆、石炭の塊みたいだと言っていましたよね。だからどちらにしろ、よく理解できなかったんじゃないかしら。彼らはただ男性が子どもたちと遊んでいる光景を見ていたのでしょう。

M：どうかしら。彼らも同じ経験をしていたかもしれません。仮にあの状況がわたしたちだけのものだったとしても、彼は群衆にもそれを見せることができたと思うの。群衆もわたしたちの肉体に変化が起こったことに気づいた**はず**だわ。なぜなら、**本当に**肉体の変化があったから。わたしたちは拡大しました。あの光がわたしたちの体を拡大させたの。彼らも気づいた**はず**です……あれは彼らへの証明だったのかもしれません。あの男性はこう訴えていたんだわ。「これが可能なのです。この純粋で、新鮮で、恐れを知らない子どもたちをごらんなさい。彼らがなりうる姿をごらんなさい。そして信頼と信仰にあふれたこの女性をごらんなさい。彼女がどのように変容できるかを。あなたたちにもできるのですよ」と。彼らもなんらかの変化に気づいたと思うわ。

D：ええ、彼らが**どの程度**気づいたかを判断するのは難しいですね。ともかく、とても美しい話でした。そろそろ現在に戻る時間です。でも、その時の感覚を思いだせるなんて素晴らしいですね。あなたはその記憶をギフトとして留めることができますよ。ほとんどの人は目覚めると覚えていないものですが。

M：ええ、とてつもない解放が起こり、全身から重荷が解かれました。重荷がどこへ消えていったのかはわからないけれど、彼がそれを取り除いてくれた。彼がどのようにしたのかはわかりません。でもわたしのマインドが拘束されていることを彼が理解してくれたので、それを解くことができたような気がするわ。誰かが理解してくれたことによって。

D：この経験を今生に活かすことができると思いますか？

M：この記憶はわたしにとってギフトだと思います。今生で自分の道を前進しながら、この記憶を活かすことができると思う。子どもたちが成長するにつれて、気づくかどうかに関係なく、人生にパターンができるという話をしましたよね？ それこそがわたしに与えられたものなんだわ。それが顕在意識に留まるかどうかはさておき、この記憶は今生の一部になるでしょう。そしてわたしがそれを必要としたときに活用できると思います。

D：それは良かったですね。

被験者は通常、過去世の人格と完全に一体化するほど深い催眠状態に入ると、そのときのセッションの記憶をはっきり留めることはない。でもこのケースでは、潜在意識が明確な目的を持って彼女に覚えていることを許可したのだと、わたしは後になって発見することになった。

その記憶が彼女の現在の人生を損なうことはなく、それどころか、人生を大きく改善する重要な変化のもととなったのだ。

メアリーはそれ以上のセッションは必要ないと考えた。数か月かけて熟考するほどのものを受けとったからだ。われわれのアーカンソー州に連なる山脈には冬が訪れ、わたしたちはそれぞれの日常に戻っていった。

およそ一か月後、わたしたちはパーティで再会した。メアリーが近づいてきてわたしを抱きしめ、あなたのおかげで人生が一変したと言った。退行催眠が彼女に大きな効果をもたらしたのだという。その経験が彼女にまったく新しい世界を開いた。ふたりで静かな片隅に腰かけると、彼女は三度の結婚と離婚を経験していたことを打ち明けた。彼女はいつも、見つからない何かを探している気がしていたそうだ。元夫たちが悪かったわけではなく、彼らは普通の人たちだったが、彼女はそれぞれに欠点を見つけてしまった。彼女はようやく、自分が過去世でその男性に対する浮世離れした深い愛を抱いたこと、それ以来、同じ愛を取り戻そうとしていたことを理解したという。でも彼女は無意識に人間の男性の中にその愛を探し、それを見つけられなかった。なぜなら、そのような深い無償の愛はこの世のものではないからだ。人間の男性は誰もそのレベルの愛に達することができない。彼女は三人の元夫の中にその途方もない感情を見いだそうとし、彼らが人間だったゆえに、それを見つけられなかった。失望した彼女は、人間の男性とのより人間らしい愛情で満足するのではなく、その無償の愛を求め続けた。自分が完璧を求め、完全な愛を探していることを意識的に理解していなかったのだ。

メアリーは退行催眠を受けて以来、人生が方向転換したと言った。まったく新しい世界が開き、それが素晴らしい世界なのだという。人生で初めて、彼女は普通のやり方で男性と関係することを自分に許し、それがまるきり新しい経験になっているそうだ。彼女は自分が関係を築けること、欠点も何もかもを含めた人間としての男性を受け入れられることを、ようやく理解した。まるで耐えがたい重荷から解放されたような気分だという。人間的な愛に対する彼女の不当に高すぎる期待は、しかるべき場所にしまわれた。彼女はそのような途方もない愛が実際に存在し、自分がそれを経験したことを理解したが、自分が生きている間にその愛を再び見つけることはないということも理解した。それはこの世のものではないからだ。

わたしはまたアビゲイルの人生を探究したかったが、そうできる運命にはなかった。メアリーは繁盛していたビジネスと新たに見つけた愛の対象にかかりきりだったからだ。たまに会う彼女は幸福で人生に満足して見えたが、それ以上の退行催眠は不要だと感じているようだった。当面の問題に対する解決策が見つかったと思っていたのだろう。それこそがわたしの仕事の要だ。わたしの願いは、人々が過去世からの問題やパターンを今生に忍びこませたり干渉させたりすることなく、現在の人生を最も効果的に生きられるよう手助けすることだ。

その後のアビゲイルに何が起こったかを知る機会は二度となかった。おそらく彼女は神殿で奉仕することに専念し、そこに留まっただろう。でも彼女の人生がイエスとの出会いによって好転したのだと考えたい。彼が頭の痛みを和らげ、子どもたちの相手をする仕事は重要かつ充分なのだと示してくれたと彼女は話した。たとえ彼女がその偉大な知識を子どもたちに伝授することができなくてもだ。彼女は祭司たちに知られずに、子どもたちにその教えを授ける巧みな方法を編みだしたかもしれない。

子どもたちは、成長しても彼女の優しさを決して忘れなかっただろう。さらなる教えを仰ごうと、戻ってきた子たちもいるかもしれない。彼女は特別な生徒を見つけたかもしれない。その後に何が起こったとしても、わたしはあの出会いのおかげで彼女のその後の人生が祝福されたと感じている。そして彼女がその人生を一緒に追体験させてくれたおかげで、わたしの人生もまた祝福されたと感じている。わたしもまた、彼女の言葉を通して、その途方もない愛を感じることができたからだ。アビゲイルはその経験を現代のわたしたちに知らせることで、自分がそうと理解できる以上の知識を与えてくれた。ありがとう、アビゲイル。あなたは本当に献身的で思いやり深く、すばらしい教師でした。

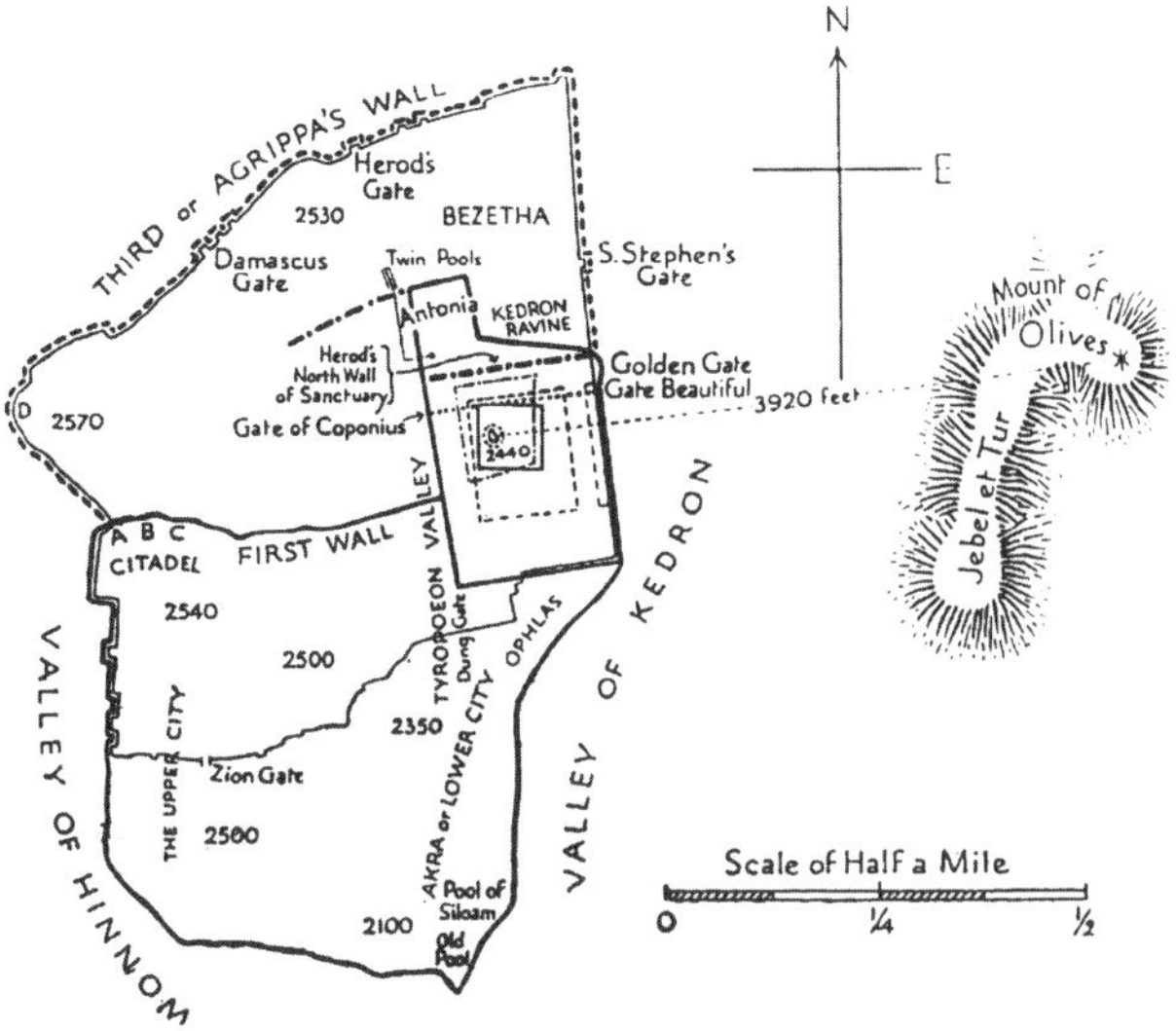

ヘロデの時代のエルサレム

南東からのヘロデ神殿の模型

第4章

神殿と古代エルサレム

本書の題材は、一九八六年と一九八七年に行ったクライアントの過去世催眠退行を通して得たものである。わたしはそれを、一九九三年に出版社から『イエスとエッセネ派』の続編を書いてはどうかと勧められるまで、ファイルの中に眠らせていた。わたしはセッション中に出てきた歴史的な記述や意義を確証あるいは反証するために調査が必要だとわかっていた。それは必要不可欠で、わたしにとっては自分の仕事の中でも楽しい作業だった。

この分野で仕事をする慎重な退行催眠療法士は、セッションがすべて終わるまでいかなる種類の調査も行わない。催眠療法士あるいはクライアントのほうにその歴史上の時期や題材に関する知識があると、超感覚的知覚（ＥＳＰ）によってその知識が無意識に伝達される可能性があるからだ――その現象自体は、証明できるのであれば重要なものだとわたしは考えている。これまでに、通常なら見聞きできないものがセッション部屋で起こっていることに気づいたクライアントが何人もいた。彼らはしばしば、わたしが質問をする前に、まるでわたしのマインドを読んだかのようにその質問に答える。わたしが無意識に答えを導いているわけではないし、わたしの想像に彼らが話を合わせようとして物語を変更しているわけでもない。なぜなら、わたしが次に起こるだろうと心の中で予想したことが、まったく間違っていたというケースがよくあるからだ。彼らは独自の視点で出来事を語っているように見えるし、わたしにはそれに影響を与えることなど何もできない。わたしは何度もテストを行って、不適切な影響が及んでいないことを証明した。しかし、わたしにもクライアントにもその題材の知識、つまり歴史上の時期や地域に関する予備知識がなければ、彼らの答えはどこからともなく発せられていることになる。そうした理由から、退行催眠療法士は個々のケースが完了するまで調査をしないようにと忠告を受ける。

この原稿を準備する最終段階になり、わたしはいつも調査をする大学でそろそろ古い文献を詳細に調べようと判断した。必要な資料が見つからなければ、図書館相互利用システムを使って米国内のどんな資料でも探すことができる。コンピューターで検索して、探している資料が他の大学にあるとわかれば、それがわたしのもとに送られてくる。これはわたしの仕事の中でも魅力的な作業だ。わたしは古い文献にあたって、重要な詳細を見つけるために何時間も読みふけりながら調べるのが好きだ。それは砂山からダイアモンドを探し当てるのに似ていて、大きな満足感を与えてくれる。

わたしが探し当てた情報のいくつかは、祖国の歴史に関心を抱くユダヤ人にとっては常識かもしれないが、プロテスタントのアメリカ人であるわたしにとっては初めて知るものだった。本書でそうした情報を記しているのは、イエスの時代に存在していた地域の実態を示すためである。どのような題材を描くにしても、その背景を適切に示すことが重要だ。

毎年、何百万人もの旅行者が、イエスが生き、教え、死んだ場所を訪ねられると期待して聖なる地に赴く。しかしわたしはそれが不可能であることを知った。なぜなら、それらの場所はもう存在しないからだ。イエスが歩いた同じ地を歩きたいと願う人たちでさえ、それが不可能であることを知る。なぜなら、地形そのものが大きく変わってしまったからだ。

今日のエルサレムは、世界で最も重要な宗教のうちの三つ、ユダヤ教とキリスト教とイスラム教の聖地である。ユダヤ教とキリスト教にとっては聖都であり、イスラム教にとってはメッカとメディナに次ぐ聖地だ。おそらく、ほかでもないこの理由から、エルサレムは存続してきたし、人類が宗教的信念を持ち続ける限り、今後も絶えることはなかろう。

本書の執筆にあたって、わたしは古代のエルサレム神殿とエルサレム自体の詳細を調べることに集中した。神殿に関するアビゲイルの説明が実証できるか知りたかったのだ。そこで発見したことにわたしは驚嘆した。古代都市の多くが消滅し、それらの痕跡もすべて刻一刻と埋もれているのは周知のことである。それらは入念な調査によって発見され、考古学者のショベルによって少しずつ発掘されることが珍しくない。しかし、ある都市が何千年もの時を経て同じ場所に留まっていたのなら、その古代文明の名残も失われていないはずだとわたしはいつも考えていた。わたしは何世紀前にも遡るイングランドの遺跡を見てきた。ローマにはコロッセオやその他の古代建築物の遺跡がまだ残っている。だからこそ、エルサレムにも同じことが言えると考えたのだ。かの地は遠い昔から宗教的関心の的だったことから、わたしはその古代史跡もいくらかは残っているはずだと推測した。

ところが、その推測は間違っていた。驚いたことに、キリストの時代のものは何も残っていないのだ。城壁に守られ、後世のために保存された史跡など存在しなかった。なぜなら、一連の出来事が起こっていた当時、それらが数世紀後の世界に重要性や影響力を与えうる兆しなどいっさいなかったからだ。敬虔な巡礼者たちが案内される史跡の大半が実は根拠を持たないと知ると衝撃を受けるかもしれない。イスラエルにあるキリスト教会の数々は、イエスが誕生したと考えられる場所や亡くなったと考えられる場所などに建てられ、それらは正しい場所だと推定されているが、必ずしも信憑性があるわけではない。エルサレムで聖地として紹介される場所の大部分は、キリスト教の巡礼者のために数世紀にわたって少しずつ選定されたもので、その一部は利便性を考慮して移動したりひとまとめにされたりしてきた。

エルサレム一帯は三千年以上にわたって様々な文明文化に征服、占領されてきた。そして改修、破壊、再建を絶えず繰り返してきた。ある時代に使われていた資材が何度も再利用されているうちに、異なる場所へ散り散りになることもあった。一つの目的で使われていたであろう建造物が改築、再築され、もともとの用途がわからないものもある。聖地や神聖な場所の領域も大きく変わったため、確実に特定できるところは少ない。聖書に描かれるベツレヘムでさえ、正確な場所は解明されていないのだ。当時のベツレヘムはきっと今日より小規模だったと思われる。今では研究者もこう言っている、あの人口調査が行われた頃の人口が膨れ上がっていたのは確かだが、その極めて重要な時期に当地で生まれた男児はおそらく十五人に満たなかった、と。つまり、ヘロデ王がその赤ん坊たちの記録をつけるのは容易だったはずで、映画で描かれているような赤ん坊の大量殺戮は行われていないだろうという見解で一致している。

エルサレム新市街は旧市街の北西側に大きく伸びている。とはいえ、イエスの時代のエルサレムの様子をある程度まで正確に再現することは可能だ。オリーブ山からはケデロンの谷の向こう側の聖都を見晴らすことができた。イエスの時代、エルサレムは丘上に位置し、神殿の丘は三方を巨大な城壁に囲まれていた。それは強大な要塞が人を寄せつけない位置にそびえている印象を与え、実際に敵からの度重なる攻撃に耐えてきた。東側、西側、南側は断崖絶壁が急勾配の渓谷（ケデロンの谷とヒンノムの谷）につながり、自然に防御の役割を果たす城壁になっていた。イエスの時代、街はチロプオン渓谷によってくっきりと二分されていた。この深い渓谷には巨大なアーチに支えられた石造の高架橋が架けられていた。

エルサレムは破壊されては再建するを何度も繰り返したため、街の上にまた街が重なっている。場所によっては、大部分が瓦礫に埋もれた旧市街の地表より約三十メートル上に近代の通りがある。今日のチロプオン渓谷は大半が塞がれ、エル＝ワドと呼ばれる浅い窪地として残っているだけである。こうして、聖都周辺はその地形でさえイエスの時代から大きく変動してきた。この地帯はもともといくつかの丘や渓谷から成っていたが、現在ではほぼ平らな台地になっている。エルサレムを囲む渓谷は経年と共に塞がれてきたのだ。

チロプオン渓谷の西側に位置する広くて高い丘が「上町」で、古代の歴史家ヨセフスは「アッパーマーケット」と呼んでいた。ここはもともと市場の中心だったと推定される。そこよりも低い東側の丘は神殿の丘エリアから傾斜し、「アクラ」と呼ばれる「下町」だった。神殿の丘エリア自体は「第三の丘」と呼ばれていた。その北側は「第四の丘」で、発展中の街が広がっていた。この最も新しい地帯は、ヨセフスによると「ベゼタ」（おそらく「オリーブの家」の意）と呼ばれていたらしく、別称は「ニュータウン」だった。イエスの時代、この地帯はまだ壁に囲まれていなかった。当時のエルサレムは今日よりも丘陵が多く、家屋は急な傾斜上に建てられていた。狭い通りは階段になっていることが多かったため、荷馬車などは通行できなかった。

ユダヤ人はエルサレムを世界の中心として考えたがったし、それは実際にも古代世界の中心地だったと言える。パレスチナには多種多様な国籍の人々が居住し、移住者が諸外国からエルサレムに大量に流れこんだため、そこは人種の坩堝となり、通りでは様々な言語が聞かれるようになった。主に聞かれるのはギリシャ語、ヘブライ語、アラム語だった。各国籍の多くは、エルサレムでそれぞれ独自の街区を割り当てられ、シナゴーグや礼拝堂を持った。

神殿の丘を囲んだ巨大な城壁の一部はもともと断崖沿いになっていて、その崖は最深部でおよそ九十メートル下の谷底まで続いていた。ヨセフスの主張によると、ソロモン王時代、その西側の巨大な城壁は全体がむきだしで、高さは下から「外庭」の舗道までおよそ二十五メートルにおよび、さらにその上方には回廊の壁がそびえていたという。その主張は長年の間、ヨセフスの誇張だと考えられていたが、発掘調査によってその正しさが裏付けられるようだ。

神殿の丘の東側に位置するケデロンの谷には堅固な石橋が架けられ、その一帯とオリーブ山をつないでいた。この橋は下部アーチと上部アーチから成る舗装道路［訳注：傾斜路と描写されることもある］として描写されている。当時は巨大な橋台が築かれ、高さがまちまちな丘陵が水平になるように設計されていた。向こう側（オリーブ山側）には曲がりくねった階段が谷までくだり、そこから急勾配して神殿エリアの東門にまで続いていた。当時は幅十五メートルにおよぶ広々とした遊歩道が黄金門の前にあった。エルサレム入城の日、イエスはオリーブ山からこの道のりでエルサレムに入ったと言われている。ケデロン側から神殿の壁際の小高いテラスまでの傾斜にひな壇式庭園が美しく造園されていた。

ヨセフスによると、イエスの時代のエルサレムは地下通路で蜂の巣状になっていたらしく、それらは排水や埋葬のためというよりも戦闘目的で使われていたという。古代の要塞には危険に備えた避難用として秘密の通路がつきものだった。紀元七十年、ローマ人がエルサレムに侵攻して破壊したとき、地下室に避難した逃亡者が数多く見つかったため、敵を捜して地中に潜らなければならなかった。地中深部で何十回もの戦闘が繰り広げられた。この地下通路で多くの死体が転がったため、有毒な悪臭があらゆる落とし穴や通気孔から漏れ、街の空気は呼吸できないほどだった。ローマ人は伝染病のまん延を防ぐために落とし穴や通気口を塞ぎ、秘密の通路に繋がる開口部に蓋をした。これらの地下通路や地下室はやがて忘れられ、多くが失われた。

神殿の丘には歴代の神殿が存在した。それらがあった場所には現在、イスラム教の聖地（モスク）である「岩のドーム」が建っている。ここは「聖所」を意味する「ハラム・アッシャリーフ」と呼ばれ、実際にキリスト教徒、ユダヤ教徒、イスラム教徒にとっての聖地である。ダビデ王がイスラエル王国の首都に最適な場所としてエルサレムを選んで三千年が経つ。ソロモン王（紀元前九七三年〜九三三年）が父ダビデの計画を引き継いでエルサレムに最初の神殿を築いた。ソロモン神殿は現在岩のドームが建つ場所にあったが、この現在の聖域のほうがソロモン神殿よりも広大な敷地を占めていることは間違いない。この華美なドームの内部にある「聖なる岩」は丘の頂上にあたり、かつては神殿の建物自体の遺跡だったと推定される。この岩は太古の時代、おそらく天然の祭壇として活用されていたのだろう。神殿とソロモン宮殿は壁に囲まれ、街の主要部からは分断されていた。現在それらは地上にはいっさい何も残っていないが、地中からはかなりの形跡が発見されている。わたしたちには古代の歴史家による記録を頼りに同地の再建を想像するほかない。

エルサレムの歴史は長く、様々な国から占領される波乱に富んだものであり、何世紀にもわたって建造、完全破壊、再建を繰り返した。既存の学説の信頼性を示すデータを充分に得て、神殿の平面図を正確に再現するにはさらに徹底した発掘が必要だ。そうしたデータはたしかに存在するのだが、現時点では何世紀にもわたる岩屑に埋もれて通りや家々の下に隠れているため、簡単に発掘ができない。これまでに発掘された旧市街エリアは、相次ぐ建て直しによって大きく破壊されてきた。

ユダヤ教の律法学者の間では、律法の原本は聖所「ハラム」(岩のドームを囲むエリア)に埋もれているという言い伝えがある。そして「契約の箱」は神殿の丘下のどこかにある洞窟に隠され、いまだに眠っていると一般に信じられている。契約の箱は突如として消え失せ、バビロニアの王によるソロモン神殿の破壊後、二度と人の目に触れていない。

　聖都の壁内のどこかにユダ王国の歴代王の墓所がある（と聖書に記されている）。そこにはダビデの遺骸が眠り、その両脇周辺にはソロモンとダビデの血統の歴代王子らが眠る。彼らは同じ墓所に埋葬されたのだ。考古学者たちは、この王族の墓所が発見された暁には、個々の墓室が並ぶのではなく、まとまった墓室群が現れるだろうと信じている。歴史家の主張によると、ヘロデ大王はその埋葬地を知っていて、歴代王と共に埋められた財宝の一部を移動させたという。大王はさらに入念な調査を望んだが、護衛二人が墓所から起こった謎の炎により焼死した。これに怯えた大王は墓から手を引いた。暮所には二度と手が入らず、その所在も消えてしまったとされている。

　エルサレムは紀元前五九八年、バビロニアのネブカドネザル王に占領され、紀元前五八七年にも反乱後に再び占領された。とりわけその二度目の占領ではさらに無残な荒廃を経験することになる。バビロニア人はエルサレムの街を徹底的に破壊した。神殿も城壁も打ち砕かれ、住民は追放された。紀元前五三八年になるまで大きな再建はされなかったが、その年にユダヤ民族は五十年にわたる捕囚期間を経てバビロニアから故郷に帰還することを許された。当時のエルサレムは痛ましくも徐々に再建中だった。ネヘミアがソロモン神殿のあった同じ場所に城壁と神殿を再建することを認可するが、その規模は縮小された。この第二の神殿は五世紀ほど存続したが、石造の一部が崩壊して放置された。この神殿に関する記録は旧約聖書に記されている。

数世紀後、ハスモン朝君主の息子たち、ヒュルカノスとアリストブロスが王座継承で揉め、ローマ人が介入。これがきっかけでエルサレムは衰退、ローマ勢力の手に渡った。その後、ローマはヘロデをユダヤの王に任命し、ヘロデ大王は紀元前四十年から紀元前四年までユダヤ王国を統治した。大王は再建に熱心で、彼の統治下にあった頃のエルサレムの街の状態がイエスの時代の初期まで維持された。エルサレムはダビデの時代よりも遥かに強固な街に変貌していた。

ヘロデ大王はユダヤの臣民の間では嫌われていた。彼は年齢を重ねるにつれ、民衆の支持を得ようと努めた。石工技術に多大なる関心を寄せていた彼は、ユダヤ人が彼らの聖域に畏敬の念を抱いていることを知っていたため、神殿を再建することで自分に対する悪感情を和らげ、人気を得ようと思いつく。それは大勢の民に仕事を与え、革命の脅威を緩和した。大王による再建の提案は当初、疑いの目で見られたが、大王は約束を果たした。そう、この大王こそが赤子イエス捜索のために赤ん坊たちを殺したという非道な評判を永久に負うことになったその人である。

大王は城壁を修復し、そこに三つの壮大な塔を建てた。それらの塔に隣接してヘロデ宮殿を建設。後にローマの行政官たちがユダヤを統治すると、この巨大な宮殿が彼らの住居となり、政府所在地となった。大王は神殿エリアの北西の角に兵士たちのための荘厳な要塞を建造した。マーク・アントニーにちなんで「アントニア要塞」と名付けられたその場所は、二箇所の階段で神殿のポルチコと繋がっていたため、トラブルが発生すればすぐに神殿エリアまで駆けつけることができた。要塞の観測ポイントでは見張り番が常駐でき、街から郊外、聖域までを見渡すことができた。

ヘロデによる最も重要な建築事業は神殿自体の再建だった。大王はそれを公共事業と謳ったが、実際には虚栄心を満たすためであろう。着工は紀元前二十年から十九年で、聖所自体の再建は一年半後に完成した。その新しい建物の主要部が完成したのは八年後だったが、装飾と外庭の設置はイエスの全生涯を通じて続いていた。威風堂々としたヘロデ神殿の寿命は短かった。イエスが「ここに積み上がった石は、一つ残らず崩れ落ちる」（マルコによる福音書第十三章二節）と予言したとおり、それから四十年も経たずにローマ軍がこの並外れた建造物を破壊して予言が成就した。

エルサレムの巨大な神殿は跡形なく消えた。紀元七〇年にローマがエルサレムを攻撃し、この荘厳な神殿は焼かれ、完全に破壊されたのだ。ヘロデの宮殿だけは行政上の理由で破壊を免れたが、エルサレム全域が一掃された。城壁の多くが土台ごと掘り返され、石材も渓谷に投げ捨てられた。ローマ軍の望みは、エルサレムにはもはや人が生息せず、その地自体が存在しないように見せしめることだった。それは徹底した完全破壊となり、歴史上最大の大量殺戮の一つであるこの戦で、全住民が殺されたか追放されたという。ローマ軍は全域をさらに荒廃させるべく市街近隣の森林を切り払い、次に半径約十八キロ以内の土地にも手をつけた。そうしてローマ軍は鬱蒼とした森林からブドウ園、庭園にいたるまですべてを完全なる荒れ地にしたのである。パレスチナは二度と元の姿を取り戻さなかった。死海周辺のエッセネ派共同体「クムラン」も同じく破壊されたのはこの時期である。マサダ要塞も陥落したが、その前に長らく続いたローマ軍による包囲攻撃を受けて何百人もがそこで集団自決した。

そのとき以来、研究者や考古学者たちはヘロデ神殿の全貌や神殿の丘上の正確な位置を究明しようと努めてきた。地上に残った形跡は破壊を免れた巨大な城壁の一部だけだった。城壁そのものも工学的、技術的な面で驚嘆すべきものであり、ヨセフスの記述によると「人類が成したものとしては前代未聞の素晴らしい偉業だった」という。土台は現在の地表から約三十メートル下の頑丈な基盤岩の上に敷かれた。それぞれが重量数トンにもおよぶ巨大な岩が発見されている。それらの岩は紙一枚が入る隙間もないほど密着して積まれ、モルタルは使われていなかった。こうしたヘロデ時代特有の石造物の残骸は、神殿エリアの西側にある「嘆きの壁」に現存している。

地表上のこの壁は再構築されたように見える。石材がかつてのものより入念に合わさっていないからだ。石材は下から九段目までが巨大なブロックから成り、ヘロデ時代の石造物の特徴を有していて、最大のものは高さ約五メートル、幅約四メートルにおよぶ。その上の十五段は石材のサイズが小さい。それらは古代の石材を再構築したものだと示唆する証拠が多くある。最初の石工職人、つまり表面を精巧に削った石材の巨大な塊を苦労して見事に積み上げた最初の職人たちが、それら上段の石材をやみくもに積んでいったとは考えがたい。聖書の時代以来、ユダヤ人たちはこの嘆きの壁に集まって神殿の破壊を嘆き悲しんでいる。

イエスの時代の神殿の外観に関しては諸説あるが、事実は少ない。最も有名なヨセフスをはじめとする古代の歴史家の幾人かが、その著作物にいくらかの描写や言及を残している。神殿は強固な石灰岩から成り、それらはエルサレムの北側の地下深くにある巨大な地下蔵から切りだされた。この種の岩は磨き上げると大理石のような外観になる。神殿エリアは天然に湧きでる水源に恵まれていた。パイプや導管で繋がる優れた地下貯水システムもあった。この地下貯水システムの一部は現在の街の下にかつて掘られた地下室に現存している。

ヨセフスによると、神殿の外庭の壁はポルチコ沿いに並び、南側のバシリカはとくに有名で、少なくとも百六十二の円柱を有していた。それぞれの柱は単一の純白大理石でできており、その円周は三人の男が手を伸ばしてやっと囲むことができるほど巨大だった。この四列に並ぶ柱群はその回廊の真ん中に遊歩スペースを三つ囲んでいた。屋根には杉の木に美しい彫刻を施した装飾が並び、正面は磨き上げた岩でできていた。これが巨大な外壁を抜けて門を通ると初めに視界に入るものだった。そこからは開けた広場が続き、種々の石が敷きつめられていた。この大きな柱に囲まれたバシリカには特別な理由があったようには思われないが、大勢の人々を日光や雨から守るため、あるいは物々交換のために設計されたと思われる。神殿の丘では様々な商売が行われ、生贄用の動物や鳥の売買、両替商なども営まれていた。

バシリカの奥には「異邦人の庭」として知られる広い外庭があった。古代ソロモン神殿においては、ユダヤ人だけが城壁内に入るのを許されていたが、ヘロデはあらゆる国籍の者にこの聖域の一部を使用させるべきだと考えた。エルサレムには多くのエジプト人、ギリシャ人、ローマ人などの住人がいたからである。こうして巨大な外庭が建造され、その回廊で散歩や交流を望む者たちに開かれたため、「異邦人の庭」と呼ばれるようになった。そこに隣接していたのは「イスラエル人の庭」で、異邦人はいかなる口実を持ってもそこに入ることはできなかった。ヨセフスの記述によると、この二つの庭は一メートル半弱の低い塀（欄干）で隔てられ、そこには十三の出入口が設けられていた。この仕切りの上には小さな四角い石柱が等間隔で置かれ、それぞれにギリシャ語で「外部の者はここを通るべからず」と記され、違反者は死刑との警告がされていた。

神殿は様々な庭からなる巨大な複合施設のようになっていて、内庭と至聖所にたどり着くまでは各庭が繋がっていた。人々はそれぞれの財産と清浄度に応じて各庭への入場を許可されていた。これはすべて律法、つまりモーセの規則によって定められていた。神殿の丘の東側には「女性の庭」があった。ここへ行くには高い柱廊のあるポルチコ（「ソロモン・ホール」と呼ばれた）を通り、テラス式階段をのぼっていく。そのエリアは神殿の丘の他のエリアよりも傾斜になっていたからだ。この階段は女性の庭から主要神殿エリアまで続いていた。古代の歴史家によると、おそらくこの階段には二つの広い踊り場があり、一番上に三つ目の広い段があった。この階段の幅はポーチ全体の長さまで広がっていたと思われる。

ユダヤ人男性はこの女性の庭のエリアまで入ることができた。しかし、ほとんどの女性はそれ以上進むことができなかった。彼女たちは生理や産後の影響により、ほとんどの場合、不浄だと考えられていたからだ。男性でも、感染症などを患っていたり遺体に触れて間もなかったりした場合は内庭まで入ることはできなかった。人々の清浄度に関しては多くの規則があり、ほとんどのユダヤ人はその時々によってこれらのカテゴリーに当てはまった。

女性の庭を抜けて至聖所に着くまでには、特定の人々しか入ることを許されない場所がいくつか続いた。女性の庭に続く東口はコリント式真鍮製の折れ戸で区切られていた。ヨセフスによると、時折その戸の前で集会が行われていたという。折れ戸は巨大だったため、毎日二十人の男が力を合わせて開閉する必要があった。神殿内ではいかなる扉も開け放しておくことは背徳とみなされていたからである。内庭に続く門や扉は他に九つあり、それらは側柱やまぐさ石も含め、金と銀の巨大な板金で覆われていた。しかし、巨大な真鍮製の門は大きさの面でも価値の面でもそれらを遥かに凌いでいた。

「祭司の庭」に入ると、神殿の真正面に祭壇があり、その上で生贄や焼かれた供物が整えられた。床には囲い場が並び、そこで生贄の動物はつながれて死を待った。このエリアには八台の大理石製テーブルもあり、その上で動物の死骸は皮を剥がれ、洗われ、供物台に置かれる準備がされた。生贄の血は床に開いた穴を通って排出された。供物台周辺エリアは肉屋の屠殺場に似ていた。この場所で、入場許可を得た者たちの前で香が焚かれ、人々のための祈りが捧げられた。

本殿のファサードだけではなく、ポーチと聖域の間の壁と出入口までが金箔で覆われていた。聖域自体はこの最も奥にある庭内に置かれ、十二段の階段が続いていた。ヨセフスいわく、聖域はおよそ十×三・五×五・五メートルの巨大な白い石を重ねて建造されていた。そこは当時、世界最大の宗教的聖域だったと言われている。高さと幅は等しく、それぞれがおよそ四十五メートルだったとヨセフスは言う。そこも金箔で覆われ、出入口の上方に黄金の凹面鏡が飾られていた。この鏡はまばゆい輝きを放って朝日を反射した。

聖域に入ると、聖所と至聖所に区分けされていた。聖所には祭壇、黄金の七枝つき燭台、決して消されることのない火があった。至聖所の壁は黄金に覆われていたが、そこには何も描かれていなかった。いかなるイメージも許されていなかったからだ。大祭司だけがこの最も神聖な部屋に入ることを許されていたが、それも特別な日だけに限られていた。至聖所は岩のドーム内にある現「聖なる岩」上に位置していたと信じられている。

この聖域への出入口だけが人々から見える状態だった。そこは風に揺らめく六色の上等な垂れ幕で覆われていた。垂れ幕は金箔を貼った内部やその内装を部外者の目から隠していた。この垂れ幕こそが、キリスト磔刑時に上から下まで真っ二つに裂けたものである。〔訳注：マルコによる福音書第15章38節〕

当時はオリーブの山から見ると前方に神殿があったが、現在は聖なる岩の上にドームがそびえている。壮麗な柱列に囲まれて各庭が並び、奥の聖域に近づくにつれて庭の高さも上がっていった。その大理石製の黄金のファサードがきらきらと輝いていた。

ヘロデの目的は遠方からでも圧倒的な神殿が目立つことだった。純白の石灰岩、そして金箔で覆われた正面が市街のあらゆる方向から注目されるように意図されていた。それゆえ、この黄金の神殿に信頼を寄せるのは極めて自然なことだった。

この壮大な建物の総工費には莫大な資金が必要だった。ヘロデは過大な税金を容赦なく取り

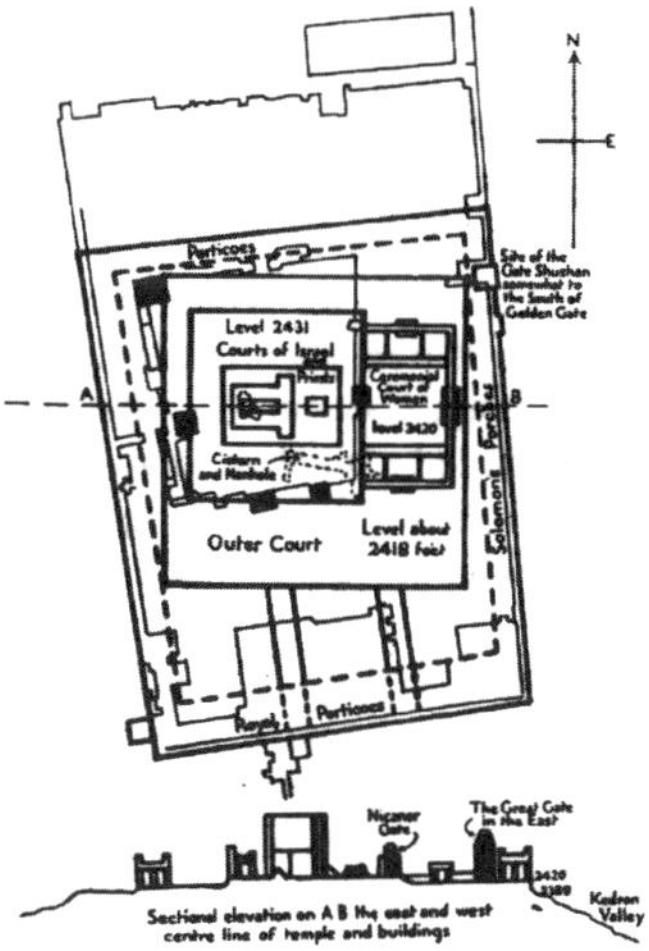
N
E
Porticoes
Level 2431
Courts of Israel
Priests
Ceremonial Court of Women
Level 2420
Cistern and Manhole
Outer Court
Level about 2418 feet
Solomon's Porch
A
B
Royal
Porticoes
Nicanor Gate
The Great Gate in the East
2420
2380
Kedron Valley
Sectional elevation on A B the east and west centre line of temple and buildings

神殿の聖域

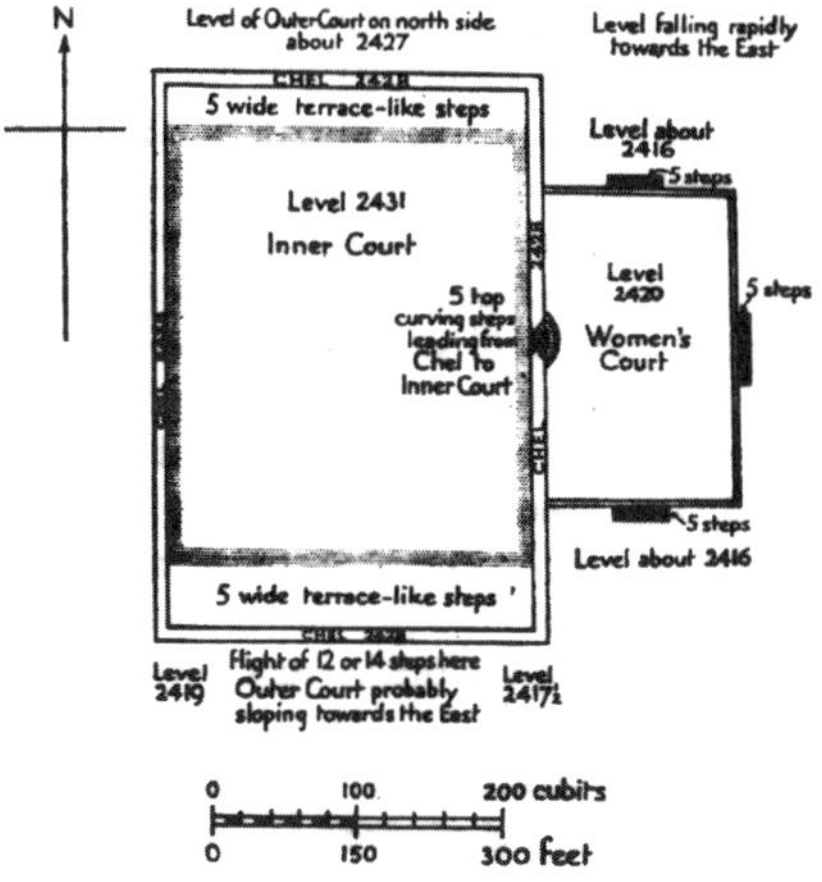
N
Level of OuterCourt on north side about 2427
Level falling rapidly towards the East
CHEL 2428
5 wide terrace-like steps
Level about 2416
5 steps
Level 2431
Inner Court
5 top curving steps leading from Chel to Inner Court
Level 2420
Women's Court
5 steps
5 steps
Level about 2416
5 wide terrace-like steps
CHEL 2428
Level 2419
Hight of 12 or 14 steps here
Outer Court probably sloping towards the East
Level 2417½
0
100
200 cubits
0
150
300 feet

女性の庭

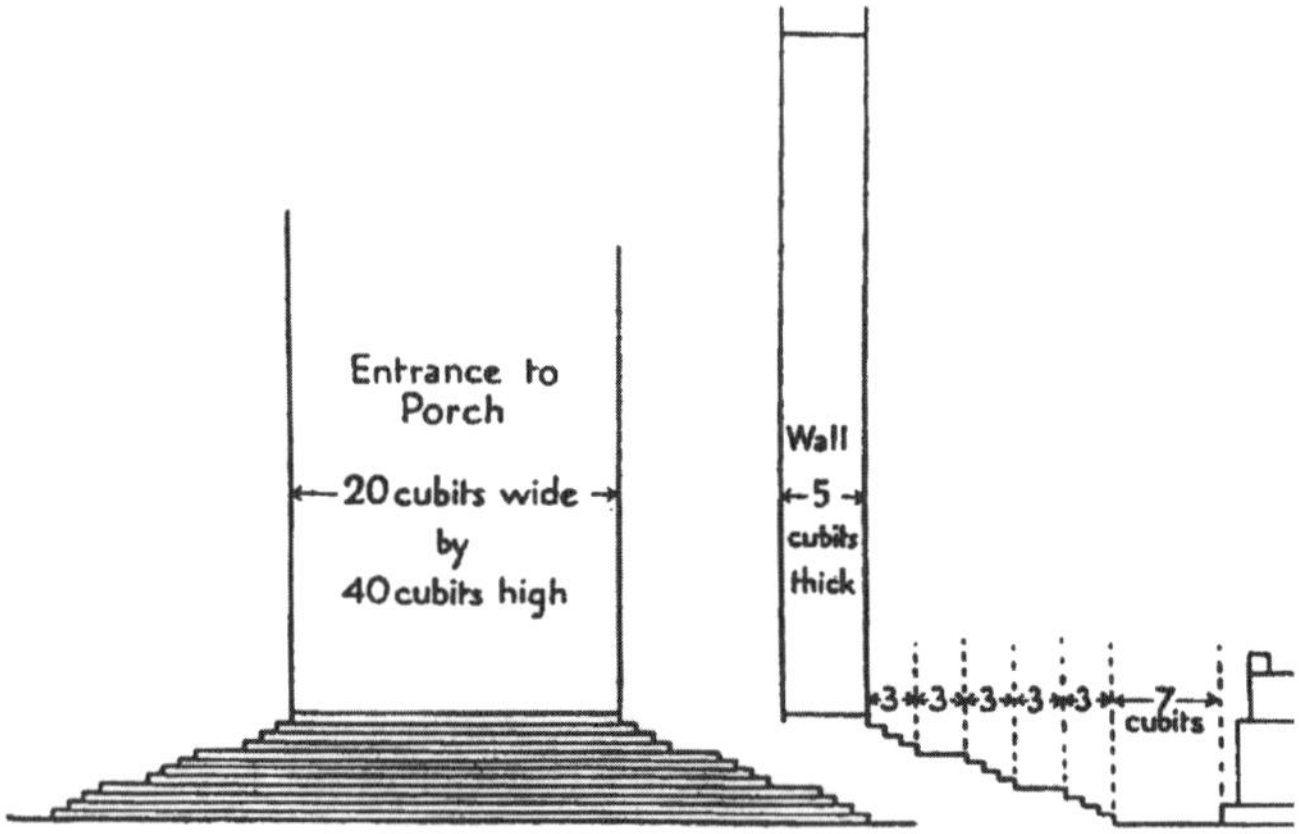

神殿のポーチに続く12段の階段

たて、自分の事業を助成する新しい方法を常に考えていた。民衆は外国でのさらに大きな出費をまかなうために、ローマ人からも厳しい取りたてを受けていた。それはヘロデに統治される民衆にはなんの利益ももたらさないものであった。民衆はこれらの負担を暴虐とみなした。民衆の血税によって調達された金の無駄遣いに非難がわき起こった。ヘロデは彼らの神に捧げる神殿のために、税金のいくらかが目に見える形で使われていることがわかったら、彼らの不満も幾分かは和らぐだろうと考えた。

エルサレムの聖域の特徴を完全に理解するには、「神聖さ」の概念および

「主の前に出る」ことを望む者たちによる儀式の準備について考察するほかない。神の怒りを買わぬよう、浄めの習慣を日常生活にまで広げることを推奨される者もいた。イエスの考えは違った。イエスは当時の信心深い者たちのように、聖域における神聖さのレベルを重要視しなかった。彼らは儀式や祭式の意味よりも式そのもののことで頭がいっぱいだとイエスは感じていた。個々の人間を、そして個々が必要とするものを忘れてしまっていたのだ。

わたしが思うに、アビゲイルが子どもたちを教えていた場所はこの建物の東側だろう。「異邦人の庭」から「女性の庭」まで続く階段は数箇所あったが、先述したテラス式階段が「広い踊り場で踊っていた」という描写に一致するように思われる。祭司たちがアビゲイルに与えた地位にふさわしい場所として、彼女をこの「女性の庭」に割り当てたと考えられる。彼女は「適切な場所」に留められていたからだ。この外部エリア近くには楽器を保管する場所もあったため、彼女のダンスに関する描写とも一致する。

ポルチコの東端には柱が並んでいて、イエスが群衆に語っていた場所はそこだと思われる。それが神殿の丘の入り口の南側の柱が並ぶ大きなエリア（バシリカ）だとしたら、アビゲイルには遠すぎて彼が話すのをはっきり聞くことができなかっただろう。歴史家たちは、イエスと弟子たちが本殿の東側のエリアで教えを説いていたという意見で一致しているようだ。そのエリアなら、民衆の清浄度には関係なく誰にでも語りかけることができるため、筋が通っている。

それにこのエリアは誰でも行き来できたため、イエスはユダヤ人にも異邦人にも語りかけることができたはずだ。

わたしの推定が正しければ、アビゲイルが内庭に続くテラス式階段で子どもたちと遊んでいたとき、イエスは柱廊が並ぶポルチコ下の「女性の庭」の低いほうの端で語っていたのだろう。彼が振り向いて彼女を見たのだとしたら、群衆が仰ぎ見る中、彼は階段をのぼって彼女のほうに向かったのだと思われる。歴史家たちの発見やヨセフスの描写は、それが起こりえた唯一の場所としてそのエリアを特定しているように思う。何よりも注目すべきは、階段や柱やその他の詳細がすべてそこに確認できるという点だ。徹底した調査を行った者でなければ簡単にはいきつけない、信用できる事実である。

次章ではこの調査に関する情報を適宜、紹介していく。

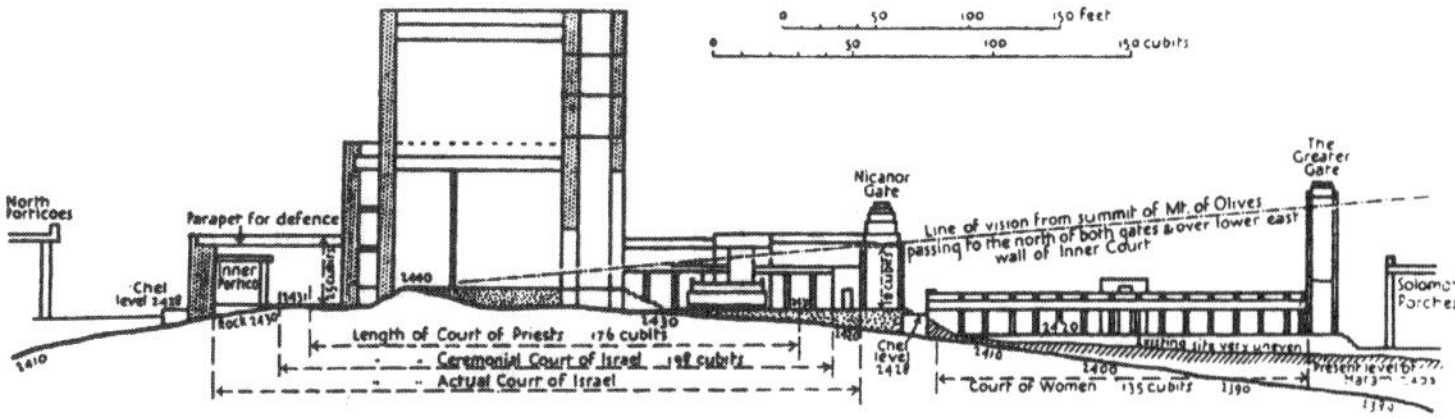
0 50 100 150 feet
0 50 100 150 cubits
North Porticoes
Parapet for defence
Inner Portico
Chel level 2428
Rock 2430
2410
2440
2430
Length of Court of Priests 176 cubits
Ceremonial Court of Israel 198 cubits
Actual Court of Israel
Nicanor Gate
Line of vision from summit of Mt. of Olives passing to the north of both gates & over lower east wall of Inner Court
Chel level 2428
2410
2420
2400
Court of Women 135 cubits
2390
The Greater Gate
Solomon's Porches
Present level of

ヘロデ神殿の断面図

第5章

イエスの姪

次なるイエス関連の驚きは一九八七年に自然発生的に起きた。メアリーとのセッションから一年後のことである。当時のわたしはまだノストラダムスの四行詩の翻訳にかかりきりで（三部作『ノストラダムスとの対話』〈ナチュラルスピリット〉のための作業だった）、新たにＵＦＯに関する研究もしていた。アーカンソー州で起こったとされる宇宙人による誘拐事件の当事者の催眠療法を依頼されていたのだ（拙著『この星の守り手たち』〈ナチュラルスピリット〉参照）。わたしの時間は多くのプロジェクトに割かれ、加えて過去世療法にも費やされていた。

アンナは三十代後半の温厚で穏やかな口調のユダヤ人女性で、外見からはその年齢に見えなかった。永遠の若々しさを放っていて、内面には茶目っ気たっぷりのティーンエージャーが隠れている印象を受けた。改革派のユダヤ教寺院の信徒として育ち、彼女も家族もヘブライ語は知らなかった。アンナと夫は彼女が生まれ育ったロサンゼルスの喧騒から逃れることにした。二人はアーカンソーヒルズでの静かな生活を選び、とある観光地の郊外にＢ＆Ｂの宿泊施設を建てた。わたしは数年前から彼女のことを知っていて、被験者としての彼女と多くのプロジェクトに取り組んでいた。とても優れた被験者だったので、わたしは彼女に条件付けをして迅速かつ簡単に深いトランス状態に誘導できるようになっていた。わたしはアンナが人を騙すことなどできない珍しいタイプの人間であると誓って言える。わたしが出会った人たちの中でも最も信頼できる人だ。

当時アンナはなんの問題も抱えていなかったので、わたしたちはとくに何かに取り組んでいるわけではなかった。彼女には頭に何度も浮かぶ場面があった。その場面はイスラエルかその辺りに似ている場所のようだった。普通の通りや、その辺りによく見られる服装の人たちが脳裏に浮かぶのだ。不安になるようなイメージではなかったが、彼女はその国で過去世を生きたことがあると潜在意識が伝えようとしているのではないかと考えた。そしてその可能性を探ってみたかった。わたしたちは最初のセッションでそのことに関する情報を見つけられるか、確かめるつもりだった。

彼女がベッドの上で居心地良く身を整えると、わたしはキーワードを使ってセッションを開始した。

D：最近、同じ場面が何度も浮かび、それが過去世と関係がありそうだと言っていましたね。これからそれについて何かわかるかどうか、あなたが知るべきことがあるかどうかを見ていきましょう。それはエルサレムだと思うと言っていましたが、それはたしかではありません。ですから、あなたの頭に浮かぶ場面に重要性や信頼性があるなら、その場面に行って探索し、あなたが知るべき何かがあるのかを確かめてみましょう。三つ数えますので、数え終えたらあなたはそこにいます。一、二、三……あなたの頭に浮かんでいた時代に着きました。何が見えますか？　何をしていますか？

彼女は変わった場面に到着した。子どものような声で話し、感情を昂ぶらせて今にも泣きそうだった。

A：わたしは……わたしは女の子です。まだ十三歳になっていません。名前はナオミです（「ニオミ」と発音した）。わたしは幸せじゃないの（泣きそうになっている）。ああ、説明できないわ。

D：何かが起こって、それが原因でそんなふうに感じているのですか？（彼女はすすり泣いていたので、わたしは慰めるように言った）。わたしには話しても大丈夫ですよ。

A：わたし、男の子だったら良かったのに。そうしたら、自分がするべきだと思っていることを自由にできるのに。わたしにはちゃんとわかっているの（ここで泣き崩れる）。とてもつらい。

アンナは前からわたしのことを知っていて、わたしたちには信頼関係があったが、ここでは別の人物と向き合っていた。安心して話せるよう、ナオミの信頼を得る必要があった。

D：わかるわ。ときには話し相手が必要ですね。わたしにはいつでもそのことについて話しても大丈夫ですよ。
A：わたしは教えを広めるべきなの。心の底からその教えを理解しているから。でも彼はわたしを見て、わたしにはできないと言ったの。なぜならわたしが女で、理解されないだろうから。それで……（すすり泣く）彼のことをとても愛しているのに。
D：誰のことを話しているのですか？　誰にそう言われたのかしら？
A：それは……（すすり泣く）ナザレンよ。

その名前で呼ばれる人物を、わたしはイエス以外に知らない。これは驚きだった。彼女が話している人物が本当に彼のことなのか、注意深く質問して確かめる必要があった。

D：ナザレンを知っているのですか？

A：ええ（すすり泣く）。両親の家を出て、彼と共に歩みたかったの。だってわたしは**知っているから**。自分がそうしたことをできるって知っているから（彼女の声は悲しみにあふれ、感情的だった）。それにわたし、怖くはないの。

彼女が泣きだし、その頬に涙が伝って枕に沈んでいった。

A：髪を切って男の子の格好ができるのに。誰もその違いに気づかないと思うわ。わたしは彼と共に歩み、彼を助けてお世話をするべきだと**心から**信じているの。彼はわたしを必要としていると思うの。もし男の子に生まれていたら、そうできたのに。でもわたしにはどうすることもできない。他には何もしたくないのに。

D：わかるわ。

A：それに父は彼と半分血が繋がった兄弟だと聞いたわ（洟をすする）。それが本当なら、わたしはそれを許されるべきよ。

これは大きな驚きだった。わたしは彼女がイエスのことを話しているのだと推測したが、彼には半分血の繋がった兄弟がいたのだろうか？　『イエスとエッセネ派』では、彼に兄弟姉妹がいるという言及があったが、同書で彼らと接触する機会はなかった。わたしは混乱していたが、誘導にならない形で質問をする方法を考えなければならなかった。

D：あなたのお父さんは誰なのですか？

A：父は鍛冶屋の親方をしているの。金属を使う仕事で、村の職人よ。自分で成形した色々な金属で錠前とか他のものを作るの。

D：お父さんはその男性と半分血が繋がっていると言いましたね？

A：そう聞いたわ。それが理由でわたしを彼から離しておきたいのかどうかはわからないけれど。

D：お父さんの名前は？

A：ヨセフ。

さらなる驚き。彼らの文化では、長男はしばしば父の名にちなんで名付けられることをわたしは知っていた。

D：その男性のことはどのくらい前から知っているのですか？

A：**ずっと前**からよ。**ずっと**いたから。父に会いに家に来るのよ。二人で商売をしているみたいだけど、彼は街でも別の仕事があるの。彼が話すのを聞いたことがあるけれど、まるでわたしの言葉を代弁しているようだったわ。それに彼は**旅立とうとしている**の。

D：どこに行くのかしら？

A：彼はグループを連れて旅に出るの。教えを広めるための長旅よ。わたしの居場所はそこだってわかっているのに、父はそんなふうに感じていないの。父は不安を感じているけれど、わたしは違う。母はとてもおとなしい人で、このことについては何も言わないわ。

D：あなたが住んでいる都はどこですか？　街の名前はあるかしら？

A：エルサレム。人はそう呼んでいるわ……

彼女はそこでヘブライ語らしい単語を三つ発した。アンナの顕在意識は知らない言語だ。わたしにはそれらの単語の発音を書き起こすのが難しかったので、後日ヘブライ語が堪能な友人に録音したテープを聞き取れるか尋ねてみた。彼は「もちろん」と答え、その単語のスペルは「Yerushalaym shel sahav」だと教えてくれた。ナオミが続けた。

A：今はそれがどういう意味か知っているわ。前は知らなかったけれど。

D：どういう意味なのかしら？

A：「黄金のエルサレム」という意味よ。

友人のユダヤ人男性は、その翻訳で間違いないと言った。そして、エルサレムがそう呼ばれる理由を説明してくれた。古い家屋はその土地の蜂蜜色の石灰岩で建てられているため、太陽の光を浴びると街全体が黄金色に輝くというのだ。実際に古代エルサレムの調査をするまで、わたしはそれをもっともらしい説明だと思っていた。しかし、近代エルサレムの建物はすべてイエスの時代のあとに建てられたものなので、それらの建材が二千年前と同じ種類でない限り、その説明は当てはまらないはずだ。同じ建材を使っている可能性もないわけではないが、わたしは調査を通して、街を「黄金のエルサレム」と呼ぶもっと論理的な理由があると知った。神殿の主要な各建物は、大理石と似た光沢を放つまで磨きあげられた白い石灰岩で建てられていた。建物の正面には金箔が貼られ、内庭、つまり聖域に続く巨大な扉のいくつかは金と銀でめっきがされていた。それらの効果は輝く神殿という印象を与え、目をみはるほどの光景だったはずだ。神殿はあまりに美しく、当時は世界中で噂になるほどだったという。それゆえに人は街を「黄金のエルサレム」と呼んでいたのだろう。

A：その言葉の響きがずっと好きだったけれど、以前はそれがどういう意味かを知らなかった。それは彼が広めていることを意味するのよ。彼の胸の辺りから放たれる黄金色の輝きを意味するの。それは愛情と思いやりと親切な心から放たれる黄金の輝きで、恐れや冷淡さから来るものではないの。だからそれはそういった種類の黄金を意味するのよ。**存在**という貴重なもの《ゴールド》を。金属の金《ゴールド》を指しているわけではないの。**そのこと**を以前はわかっていなかった。彼は自分が広めようとしている教えを通して、黄金のエルサレムを作ったということよ。それがわかった今、わたしはそれを体現したいの。助けになりたい。彼と共に歩みたい。わたしは彼と同じ愛の深いエネルギーを持っているから、手助けができるとわかっているの。結婚したり、世話をされたり、母親になりたいとは思わない。わたしは彼と共に歩み、他の人たちの痛みを和らげて癒やす方法を学べると思う。わたしがしたいのはそれだけなのに。

D：彼の教えをいくつか知っていると言っていましたね。彼と共に学んだことがあるのですか？

A：（笑って）いいえ、それは許可されていないもの。彼が父に話すのを聞いたことがあるの。二人はわたしが眠っていると思っていたけれど。彼が集会を開いている場所に変装してこっそり行ったこともあるわ。そのときに教えを聞いたことがあるのよ。

D：彼はたくさんの人を従えているのかしら？　グループを連れて行くって言っていたけれ

ど。

A：いいえ、大きなグループではないわ。ほとんどの人たちは個人的に、もしくは小さなグループで教えを実践しているから。でも彼は今、自分の教えを広げるべきだと知っているの。わたしたちの多くは真実と愛の道を歩む勇気がないから、今回のグループは小さなものよ。癒やすこと、奉仕することを恐れない人たちを見つけるのは難しいの。だから今は、わたしが知る限りでは大きなグループではないわ。

D：ナザレンという名前以外に、彼がなんて呼ばれているか知っていますか？

A：人は「イエス」と呼んでいるけれど、わたしは「ナザレン」という響きのほうが好きだわ。多分、父と彼が話すのを聞くから、「ナザレン」という響きが気に入っているのかも。

D：お父さんは彼をそう呼ぶということね。

A：ええ、時々だけれど。でも普段、彼が来て二人で鍛冶仕事の話をしているときは「イエス」と呼んでいるわ。兄弟よ、って呼ぶこともある。「兄弟」ってよく呼びかけているわ。

D：でも二人は半分血が繋がっていると言っていましたね？　二人のお父さんかお母さんが同じということかしら？　何か知っていますか？

A：どういうことか、ちゃんとは知らないの。二人がそのことを話すのを聞いたことがないし、わたしの前では話そうとしないから。でも多分……お父さんが同じだと思う。だって父は自分のお父さんと**同じ名前**だから。でもよくわからない。説明されたことがないから。

D：お祖父さん、お祖母さんに会ったことはありますか？（わたしはヨセフとマリアのことを考えていた）

A：父方の祖父母より母方の祖父母のほうが会った回数は多いわ。大人が話題にしない事柄があるの。祖父母とは頻繁に会わないわ。遠くに住んでいるから。わたしはそう聞いている。

D：じゃあ、一番よく会う親戚はナザレンということね？　あなたには兄弟姉妹がいますか？

A：兄弟がいるわ。でも遠くにいるの。学びに行ったのよ。

D：どういう学び？

A：学ぶために行ってしまったの。先生やラボニのもとで様々な律法や教えを学ぶために。教養のある大人になるために。

辞書で「ラボニ」を調べたが見つからなかったので、ユダヤ人の友人に訊いた。彼によるとラビ〔訳注：律法学者、師、宗教指導者などの意〕の正式な敬称らしい。

D：彼は学びのために遠くへ行く必要があったのかしら？

A：ええ、そのためにもっと大きな街に行かなければいけなかったの。
D：エルサレムは大きな街だと思っていたわ。
A：エルサレムは大きいけれど、学びのためにはエルサレムにはいられなかったの。

教育とは律法だけを学ぶことを意味すると先述した。その他の学びはどこか別の場所で得る必要がある。彼女の兄は「エッセネ派」のもとで学ぶために行ったのかもしれないという考えが浮かんだ。なぜならイエスは彼らと親しい関係にあるからだ。

D：じゃあ彼がどこに行ったのか正確には知らないのですね？　誰かがそのことについて話すのを聞いたことは？
A：場所の名前は言ってなかったから、どこかは知らないわ。でもわたしには教えてもらえないことがたくさんあるの。不安だから教えてくれないのか、あるいはわたしを守っているつもりだと思う。
D：その兄弟ってお兄さん？
A：ええ。わたしより十歳上なの。よくわからないけれど……何か極秘のものを学んでいるのかもしれない。だから全部は教えてくれないんだわ。兄はもう一人の父みたいな存在よ

（笑う）。母の子どもは兄とわたしだけだけれど、他にも面倒を見ている子たちがいるの。女性の仕事だと考えられていることを母はすべてやっているわ。しかも世話が必要な孤児たちの面倒も見ているの。

D：ナザレンの外見を教えてもらえますか？　どんな体型かしら？

A：彼は……わたしが見上げるとき……どうかしら。少し考えさせて。身長は父と同じくらいだから、男性としては平均的だと思う。それにとても……腕や肩がたくましいわ。大柄な人ではないけれど、強さがあるの。それから……目が素敵なの。青い目よ。茶色い髪に……顎ひげと口ひげがあるわ。あと日焼けしている。かなり浅黒いほうだと思う。

D：でも目が素敵なのね？

A：ええ。青い目を優しくて愛情深いと思ったことはないけれど、彼の目はそうなの。わたしは黒っぽい目のほうが見慣れているから。でも彼の目はとても優しくて、愛情にあふれている（ため息）。

わたしは『イエスとエッセネ派』で、一八八七年に発行されたマッキントッシュ博士とトワイマン博士による“The Archko Volume”というあまり知られていない書籍から引用した。二人はイエスに言及している報告書をバチカン図書館で発見した。報告書の一つにイエスの描写があり、それは様々な被験者から得た描写と驚くほど一致している。『イエスとエッセネ派』の発行後、わたしは似たような描写を含むまた別の手紙に行き当たった。その驚くべき文書もまたバチカン図書館で発見されたものだ。それはイエスの時代にプブリウス・レントゥルスによって元老院宛に書かれたものとされている。レントゥルスはポンテオ・ピラトの前任者で友人でもあるユダヤのローマ人政務官だった。以下はレントゥルスが描写したイエスの容貌である。

「その男は堂々として均整の取れた体格で、優しさにあふれた、意志の強そうな顔をしていた。だから彼を見た者は彼を愛すると同時に畏れもした。髪はワインのような色で（おそらく黄褐色）根本は金色だった——まっすぐで明るくはなかったが、耳の辺りからは巻毛で光沢があり、ナザレ人ふうに真ん中で分けていた。

額は平らでなめらかだ。顔にはシミ一つなく、血色の良い肌。率直で優しい表情。髪と同じ色の顎ひげは形よく二股になっていた。目は青く、きらきらと輝いていた。

叱責するときは厳しく、励ましや教えを与えるときは穏やかで優しい口調だった。彼が笑うのを見た者はいないが、涙を流すのを見た者は多かった。背は高く、美しい手をしていた。話し方は思慮深く厳粛で、物静かだった。並びうる人がいないほど美しかった」

これは一九六五年四月十八日発行の雑誌『パレード』に掲載されたジャック・アンダーソンによる「キリストはどのような容貌だったか」という記事からの抜粋である。

D：あなたが物心ついた頃から彼は家に来ていたのですね？

A：ええ。ずっと前から彼のことを知っているわ。よく見かけたもの。ずっと小さい頃は二人が一緒に商売をしているからだと思っていたけれど、彼が家族の問題を癒そうとしていたのだと今は思っている。

D：兄弟ならたまに会いに来てもおかしくないですものね。その男性にとても興味があるのだけれど、本当に珍しい人のようね。

A：ええ、わたしはただ……この前、彼と一緒に行きたいと話したの。（再び悲しそうに）でもわたしは女の子だから、一緒に行くのは難しいって言われた。人は理解してくれないだろうって。髪を切って男の子の格好をするから、誰も気づかないはずだって言ったら、いつか一緒に行けるだろうけれど今はだめだって。わたしは他には何も望まないわ。わたしは母と違って、母がするようなことをするために生まれてきたんじゃないもの。体が女性なだけよ。

D：彼はもう少し待つ必要があるって言いたかったのでしょうね。今はだめだって言ったのなら、断られたわけじゃあないでしょう。今後、連れて行ってくれるかもしれないわ。

A：そうだといいけれど。とにかくわたしには奉仕することができるし、彼が話していたことをしっかり実践して覚えていようと思う。そして母を手伝って世話を必要としている子たちの面倒を見ることにするわ。

D：一度こっそり出かけて彼が話すのを聞いたって言っていましたね。一度だけなの？

A：ええと、両親を裏切りたくはないから、そんなに何度もじゃないわ。でも、「行って彼の話を聞きなさい」という心の声に**後押し**されたの。だから数回だけ行ったことがある。街のひっそりした場所で集会が開かれていて、そこで彼の話を聞いたこともあるし、人が父に話すのを立ち聞きしたこともあるわ。集会は色々な場所で開かれるの。あの人たちは家の中に秘密の場所や街中に地下スペースを持っているの。そこで彼は集会を開いて、**正しい**生き方、すべての人のためにあるべき生き方について説くのよ。

考古学者たちが発掘作業で発見したところによると、エルサレムの地下部分はイエスの時代をさらに遡る秘密の通路や地下室などで蜂の巣状態だったという。一部の家々には地下の集会所に続く秘密の出入口があったのだろう。

D：彼が話したことを思いだせますか？

A：そうね、思い返してみると、彼の胸の辺りに黄金の光が輝いているのが見える。よく覚えているのは、「あなたがしてほしいように、ただ他者を愛し慈しみなさい」と彼が言っていたことよ。それが一番記憶に残っているわ。彼の英知は説得力があるけれど、**厳しい**ものではないのよ。彼が説いているのは、理解してもらうために他者に痛みを与える必要はないっていうことなの。

D：どうして彼は秘密の場所で集会をしないといけないのかしら？

A：支配勢力の中に、自分たちの予想以上に彼が民衆に影響力を持っているのではないかと考え始めたグループがいるからよ。最初の頃、そのグループの人たちは彼のことを信じていなかったか、真剣に取り合っていなかったと思うの。でも貧しい人たち、無力な人たち、信仰心のある人たちが彼にどんどん耳を傾けているから、今はそのグループの人たちも不安に感じているのだと思う。だから支配勢力の思惑が変化して、その人たちは厳しくなってきているわ。彼が持つ真実の力を恐れ始めているの。その人たちは破滅的な集団よ。奪って奪って富を蓄えているのに、病める者や貧しい者がどうなるか考えてもいない。だから集会を秘密で開いているの。

D：どうしてその人たちは、たった一人の人間を恐れるのかしら。

A：最初はそうじゃなかったのよ。でも支配勢力の一部の人たちが彼の噂を聞いたのだと思う。その人たちが内心では感じている真実を彼が話していることを、その人たちはわかっているの。だから心が千々に乱れているのよ、他の集団に忠誠を感じるなんてできないから。そうして大きな葛藤が生まれてしまっているの。

この時期のイスラエルは、ローマ軍による占領というつらい重荷を背負っていた。自由の多くを奪われ、重税をかけられていたので、ユダヤ人の多くは自国にいながら奴隷のように感じるほどだった。彼らは救い主、救世主が現れてその状況から救ってくれるのを待っていた。ローマ軍に占領される前の生活が戻ってくることを無我夢中で願っていたのだ。しかし、そこには大きな恐怖もあった。ローマ軍があまりに強力だったからだ。

秘密集団が数多く生まれ、暴力によって支配層を転覆させることを主張していた。最も目立っていたのは熱心党で、イスカリオテのユダもその党員だったという。彼らは戦を望み、彼らの運動を指揮する主導者を探していた。そうした数々の集団は暴力的な集団もあれば平和的な集団もあったが、その多くがイエスのなかに指導者的資質を見いだした。彼らが聞いたこともないようなことをイエスが話していたからだ。

祭司たちはイエスを嫌ったが、それは彼らとは異なる教えをイエスが説いていたからだ。そうしたわけで、イエスは両方の集団から監視されていた。ローマ軍はとくに注意深く監視していたが、それはイエスの信奉者が増えていることに気づいたからで、反乱を指揮する強力な指導者がいれば市民の暴動が起こることを理解していたからだ。ユダヤ人が広く分散していたため、ローマ帝国にとってはエルサレムが非常に重要な中心地となっていた。そこで何が起こったとしても、それは世界中に広がるだろう。そのようなわけで、イエスのように反体制的な者による行動はどんなものであれ注意深く監視され、ローマに報告されていたのである。

D：彼と共に様々な場所に出向くグループがいると言っていましたね？ そのグループの中に知っている人はいますか？

A：何人か見たことのある男性はいるわ。彼らはあまり人目につかないようにしているけれど、彼と同世代に見える。そこには絆があるようで、信奉者なのだと思う。彼らは志が同じで、全体の利益のために働いているみたい。いつも彼のそばにいる人が何人かいるわ。

D：その人たちの名前はわかるかしら。他言はしないわ。ただ興味があるだけなの。

A：（少し沈黙）ヨハネと呼ばれる人がいるのかしら（彼女は疑問形で言った）。その人のことは……ヨハネはよく見かけたことがあるわ。でも他の人たちの名前はわからない。

D：彼かあなたのお父さんがその人たちのことを名前で呼ぶのを聞いたことがないかしら？

ヨハネはどんな外見？　彼と同じ年頃って言っていましたね？
A：ええ。彼と似ているけれど、この辺りに住む人たちと同じ黒い目をしているわ。彼ほど優しそうではない。彼より少しがっしりしているわ。
D：さっき、「心の声」が何かをするように後押ししたと話していましたね？　それってどういう意味かしら？
A：両親を騙したり、言いつけに背いたりはしたくないのだけれど、時々声が聞こえるの。頭の中で聞こえてくる声が、「正しい理由でそれをするのだから大丈夫だ」って言うのよ。不名誉な理由でそれをするのではないのだから、と。それをするのは信仰を、神を敬っているからだ、と。その声はとても力強いものだから、変装して家から抜け出しても大丈夫だとわかるの。
D：つまり、頭の中で声が聞こえるのですか？　あなたは特定の宗教を信じていますか？　言っている意味はわかるかしら？
A：大人は女の子にはあまり教えてくれないの、少なくともわたしの家族の間では。でも多分ユダヤ教を信仰していると思うわ。ナザレンもそうよ。でも彼は異なる道を歩んでいる。律法には不親切な教えがたくさんあるから。だから家族が分裂しているのだと思う。人々は自分の信念を理解できなくなってきているの。

その問題は、イエスが神殿の祭司たちに対して抱えていた葛藤の一部でもある。律法、つまりユダヤ人が従うよう定められたモーセの規則の解釈に、イエスは同意できなかったのだ。イエスはそうした規則が不公平で、厳しく解釈されすぎていると考えた。『イエスとエッセネ派』で述べたように、イエスが律法を勉強して、そこに異なる意味を見いだしたのは明らかだ。彼の率直な発言が軋轢を生んだため、彼は神殿を去って宗教に関する彼自身の見解について秘裡に伝えることにした。彼の評判が高まるにつれ、祭司たちの反発も強まった。彼らは自分たちの権威をイエスが批判しようとしていると考えたのだ。

D：あなたの家族はどこかに礼拝に行きますか？

A：ええ。寺院に行くわ。

D：あなたも寺院に行ったことがありますか？

A：ええ。でも女性は違う通路を進んで、男性とは違う場所に座るの。わたしは……（ため息）そこでは愛をあまり感じない気がする。他の場所のほうが神の近くにいると感じるわ。

D：寺院の外観はどんなふうか教えてくれますか？　建物は大きいかしら、それとも小さい？

ナオミの神殿の描写がアビゲイルの描写と一致するか確かめたかった。

A：そうね……ここにはたくさんあるから。

D：エルサレムには、ということ？

A：ええ。その寺院は一番大きいものではないわ。石造りなの。

D：街にはもっと大きなものがあるのですか？

A：ええ、大きな神殿がある。

D：その建物を見たことがありますか？

A：あるわ。とても大きいの。怖くなるわ。見ていると寒気がする。（笑って）わたしたちの小さい寺院のほうが好きよ。

D：どうして？　大きすぎるから怖いのかしら？

A：ええ、大きすぎるもの。

D：その大きいほうの外観を教えてくれますか？

A：ああ、それは明るい色の石をたくさん使っているの。大きな扉がいくつも見えるわ。外側には柱も並んでいる。それに……中に入ると天井がとても高いの。

D：外側にはたくさん柱がありますか？

A：正面には多分……正面に八本。

D：正面以外にも柱はあるかしら？

A：中にいくつか見えるわ。

D：扉に続く階段はありますか？

A：ええ、とても長い……長い石造りの階段。

ナオミの描写はアビゲイルの描写とも一致し、歴史家の調査結果とも一致している。

D：でもそこに行くのは好きじゃないと言っていましたね、それが……

A：（言葉を遮って）それが大きすぎるからよ。だから寂しい気持ちになるの。

D：そうね、対象が大きすぎると、それが教えようとしていることから遠ざかってしまうことがありますね。でも女性は教えを受けられないって言っていましたね？

A：ええ。わたしが育ったところでは女性に教えないの。男性は教育を受けるわ。ラボニは男性に教えを授けるけれど、女性には授けないの。それがこのところの伝統らしいわ。わたしは気に入らないけれど。

D：あなたは学びたがっているのに、彼らが教えたがらないなんておかしいですね。

A：学んだわ。なんとかして学んだ。聞いて学んだのよ。それに教えてくれた友だちもいるの。

D：ところで、ナザレンに従うグループのことだけれど、そこには女性もいますか？　それとも男性だけかしら？

A：女性も見かけるわ。でも彼女たちがいつも行動を共にしているのかはわからない。彼らの奥さんや姉妹かもしれない。でも彼は男性たちを連れて旅に出ようとしている。

D：グループに他の女性もいるのなら、あなたもいつか連れて行ってもらえるかもしれないですね。

A：そうね。エレミヤがいるわ。今、エレミヤが頭に浮かんできた。どうしてかしら。エレミヤも彼と一緒に行く一人だと思う。

D：エレミヤも他の人たちと同じ年頃かしら？

A：いいえ。彼は少し若い気がする。

D：あなたが住む国には統治者がいますか？　さっき支配勢力の話をしていましたね？

A：王と呼ばれる人がいるわ。王だったかしら？　多分、王と呼んでいて、彼の組織があるのだと思う。

D：王の話を聞いたことがありますか？

A：父が話していたわ。身勝手な王だと思っているみたい。彼らは……さっき話したように、彼らには余裕があって富があり余っているのに、街にはたくさんの貧しい人たちがいるのよ。

D：王が何をしたか聞いたことはありますか？　お父さんが何か話していなかったかしら？

A：ええと、父は……大人たちは「奴隷」と呼ばれる人たちのことを話していたわ。残酷な処罰のことも話していた。追放されて音信不通になった人たちのことも。何も理由がないのにそうされたのよ。

D：その責任は王にあるとお父さんたちは考えているのかしら？

A：ええ。わたしは全部を理解しているわけじゃないけれど。知るべきことをすべて知っているわけではないの。そういったことを教えてもらえないから。母はとても善良で、静かな人なの。人から期待されることをするだけだから、そうしたことは何も話さないし、声高に意見を述べたりしないわ。

D：お母さんは周囲からそう求められているのかもしれませんね。あなたの住んでいる家は大きいですか？

A：いいえ、小さいわ。父の仕事場があって、その隣に住居があるの。外には料理用のかまどがあるわ。小さいけれど、住心地はいいのよ。

D：家の中はどんな様子？

A：家に入ったら一つ部屋があって、そこで食事をするの。テーブルや家具があるわ。それと両親の寝室になっている小さな部屋。小さな貯蔵室の扉もある。わたしは自分用にポーチを使っているの。

D：その場所はどんな感じ？　どうやって眠るのかしら？

A：眠る場所は麦わらを編んで頑丈な形になっているの。木の台の上に作られていて、布や皮で覆っているのよ。

D：快適？

A：ええ、とても快適よ。

D：それで全部？

A：それと蝋燭があるわ。あとちょっとした小物があるだけ。服は隅っこに畳んで置いてあるの。

D：食事はどんなものを食べているのですか？

A：穀物や果物よ。あとお魚。「デーツ」と呼ばれているものとか、木に実っている柔らかい種類の果物。

D：お魚以外に、お肉は食べますか？

A：ほとんど食べないわ。ごくたまに羊肉が出るの。よくわからないけれど……牛肉？　牛

肉だったかしら？（知らない単語を発するように）
D：牛肉？
A：牛肉は珍しいの。ほとんど食べないわ。
D：野菜はどうかしら？　野菜ってわかりますか？
A：ええ。野菜も……カボチャとか……それと薬物のお野菜。
D：まあ、色々な種類のものを食べているのね。飲みものは？
A：ヤギのミルクとお水を飲むわ。父は違う種類の飲みものを飲んでいる。
D：何かしら？
A：醸造酒だと思う。よくわからないけれど。あと大人はワインも飲んでいるわ。外のかまどでパンも焼くの。
D：じゃあ飢えたりはしないわね、良かった。さてと、また今度お邪魔してお話をさせてもらえるかしら？
A：ええ。楽しみにしているわ。あなたのお陰で気分がましになったもの（安堵のため息）
D：良かったわ。わたしが来たときは、気がかりなことを話してくださいね。他言はしないから。話し合える友だちがいるのは、いいことですよね。

わたしはアンナを完全な意識状態に戻しながら、彼女が自分の話したことを聞かされたらどんな反応をするだろうかと思った。彼女はセッションをうっすらとしか記憶していなかった。彼女が感想を述べる間、わたしはそれを録音した。

D：食べものにはそれぞれ違う名前がついていたって言っていましたね？　別の言語が頭の中で聞こえていたっていうことかしら？

A：ええ。説明するのが難しいわ。あなたが「野菜」や「果物」って言ったとき、その絵は浮かぶんだけれど、それの名前が言えなかった。今生では見たこともない食べものも浮かんだの。だからあなたが質問をしたとき、頭の中に浮かんでいるものから答えを引きだそうとしたわ。

D：別の言語が聞こえたのですか？　後ろから聞こえる感じかしら？

A：ええ、たまに。でも単語がわからなかった。

D：覚えているのはそれくらい？

A：家のことを覚えている。それから……（笑って）「ナザレン」と言ったのを覚えているわ。

D：その名前はイエスを指していたようですね。彼のことをよく知っていますか？

A：わたしはユダヤ人だから、これまでイエスについてちゃんと考えたことはなかったわ。

正直、一度も。わたしの育った環境では、彼は認められてさえいないもの。わたしが育った家庭では、両親にイエスのことを訊いたりしたら、素っ気ない返事をされたわ。わたしが知っているユダヤ人たちはイエスなんて存在しなかったかのように振る舞っていた。だからわたしがその問題に向き合うようになったのは三十代になってからよ。そこには葛藤があるとずっと思っていた。彼らがどうしてイエスのことを話そうとしないのか理解できなかった。でも少しずつ彼のことがわかってくると、とても賢明な師のように思えたわ。そういうわけでわたしは彼の人物像というものを何も抱いていなかったの。

D：じゃあ、あなたにはとくに理由が……たとえば、クリスチャンなら「イエスの時代に生きた経験があればいいのに」なんて言うかもしれないけれど、あなたにはそう感じる理由がないというわけですね。

A：ええ、わたしたちは彼について話したことさえなかったから。家族やわたしの知り合いに言わせてみれば、彼は存在しなかったも同然よ。

D：さっきの過去世であなたがイエスのことを知っていたと言われたら、どう思いますか？

A：ええと……（笑って）どう反応していいかわからないわ。

D：彼があなたの叔父さんだったと聞いたら、どう思うかしら？

A：（驚いた表情で）知らなかったの、イエスが……ええと……とても混乱するわ。笑い話に思えるくらい。すごく妙な話だと思う。だってわたしはユダヤ人だから、そんな話が自分の口から出てくるなんて、なんだかありえなくて。

D：信じがたい、ということですね。

A：そうね、今は気まずい感じがしている。子どもの頃からずっと両親は……誰もイエスのことを話してくれなかったから。

D：でもご両親は軽視していたわけじゃないでしょう？

A：ええ、両親はどう話していいのかわからなかったのだと思う。いつも型通りの返事をされていたわ。あまりコミュニケーションを取らなかったの。わたしは子どもの頃から訊くべきことと訊くべきでないことを学んだから。とても幼い頃に、訊くべきではない事柄があるのだと学んだわ。両親はよく言っていた。「世の中にはユダヤ人と非ユダヤ人がいる。わたしたちは神を信じている」と。こうも言っていた。「あの人たちにはイエスがいる。わたしたちにとっては、十戒を与えてくれたモーセがイエスのような存在だ」と。両親がわたしに話すことといったら、そうしたことばかりだったの。今、子どもの頃のことを考えてみると、小さい頃、寺院や日曜学校に行くのが耐えられなかった。すべて戯言だと思っていたから。ユダヤ史を学んでいた子どもの頃、ユダヤ人がどれだけ冷酷だったかを知って愕然としたわ。彼らがどれだけ人の人生を支配しているか、寺院がどれだけ非情かは明らかだった。子どもの頃からユダヤ教についてはそうした感情を抱いていたの。でも他の子たちはみんなイエスのことを話していたわ。それで彼に反感を抱きながら育ったの。その宗教が一人の男性をめぐって作られたことにショックを受けていたから、イエスに関してはいい感情が一つもなかった。それはわたしにとって常に不快なものだった。そうして歳を重ねて、それを疑問視し始めたとき、悪感情が増したわ。彼が何者なのか、どういった人物なのか理解できなかったから。人々が彼にまつわる宗教を作りあげたことが謎すぎて、理解できないと感じた。宗教は神にまつわるはずなのに。こちらに移住してきて初めて、人が話していることに耳を傾けるようになったの。そして突然、物事がはっきりした。それはここ五年ほどのことよ。まるで物事を正しくはっきりさせるために、わたしは逃れてきてこの環境に身を投じる必要があったみたい。まるで「これが真実なのだ。これが知るべきことなのだ」と言われたみたいに。だからこそ、自分が聞いたことを一つものみこめなかったのかも。だって彼は一人の人間だったのだから。でもそれに加えて……心のどこかではそれを信じたかったのかも。とくにこの半年、どういうわけか強い感情が押し寄せてきて、それがどこから来るのかわからなかったの。その方面で調べるべき重要なことがあるのはわかっていたし、退行催眠で答えが得られると思ったの。

D：でも過去世を自分で創作するとしたら、さきほどの過去世はあなたが考えだしたいようなものではないですね。

A：何があっても考えつかないでしょうね。

今回のことは注目すべき大発見になりそうだった。わたしは今後もセッションを続け、彼女が接触したイエスの人生の物語をぜひとも聞きたかった。アンナがユダヤ人だという事実は、この話に大きな信憑性を与えた。聖書でイエスに関する記述を読んだことがあるか彼女に尋ねると、旧約聖書の部分しか持っておらず、それでさえ詳しくないとのことだった。信仰上、読むことは必須ではなかったらしい。彼女は独学で読もうとしたこともあるが、難しすぎて骨が折れるので読めなかったそうだ。だからわたしは新約聖書を読まないでほしいと頼んだ。彼女は新約聖書を持ってさえいないので、その機会はないと答えた。彼女に言わせれば、イエスの人生については何も知らず、クリスチャンにとっては周知の出来事、わたしたちが子どもの頃からたたきこまれた物語についてもいっさい知らないそうだ。そうしたことは彼女にとって未知の世界で、潜在意識から引き出せる情報もないとのことだった。それにそういった話を思い描こうとする動機は顕在意識的にも潜在意識的にも持っていなかった。彼女にとっては、この話全体が奇妙に思えた。これは懐疑論者の批判に立ち向かいうる話を聞ける千載一遇のチャンスになりそうだった。

ヨセフにイエスよりも年長の息子がいたという話にはわたしも困惑し、人々はどう反応するだろうかと思った。しかし、ヨセフはマリアよりもかなり年上だったということは知っていた。そのことは『イエスとエッセネ派』で立証されている。ヨセフが若かった頃、何があったのだろう？　教会がわたしたちに信じさせたがっている以上に、ヨセフは人間らしい人物だったのかもしれない。わたしたちにありがちな弱さもあったのだろう。イエスの家系にどんな汚点があったにせよ、イエス自身はそれを気にしていなかったようだ。なぜなら、彼は異母兄と長年、親しくつき合っていたからだ。ナオミの話を引き続き聞いていけば、他にどのような未知の情報が明かされるだろうかと、わたしは興味津々だった。

第6章

出発

わたしはエルサレムでの人生をさらに探究し、アンナの分身であるナオミがイエスとどれだけ交流したか、彼女がどれだけの情報を与えてくれるかを知りたかった。わたしはキーワードを使い、ナオミがエルサレムに住んでいた時代にアンナを誘導した。

D：ナオミがエルサレムに住んでいた人生の重要な日に戻り、何が起こっているかを教えてください。三つ数えたら、あなたはそこにいます。一、二、三……あなたの人生で重要な日に着きました。何が起こっていますか？　何が見えますか？

A：前にいた場面が見えるわ。今はもう自分の人生で何をすべきかわかっている。両親に反抗的だと思われたくはないけれど、わたしは自分の運命が彼と共に歩み、教えを伝えることだとわかっているの。男性の格好をして変装することも厭わないわ。なぜなら、わたしは母のように従順に生きる運命ではないから。この人生で唯一見えるのは、彼の言葉、彼の教えを広める生き方なの。

D：今は何歳になりましたか？

A：十三歳だと思う。この一年、**努力してきた**わ。いい娘になろう、両親が望むようにしようと本当に努力してきた。でもそれは心に背いていることなの。両親のことは愛しているけれど、ここに留まって結婚して、ここの生活をするのなら、わたしの人生には生きる価値がない。

D：他の女の子たちが送るような生活っていうことですか？　そのことはご両親と話し合ったのかしら？

A：父はそれほど辛抱強くないし、そんな生き方は愚かだって言うの。だから話すのはやめた。母は理解してくれるけれど、「それは女性の生き方じゃない」って言うの。だからわたしは口を閉ざして、ただ祈っている。ナザレンが家に来たとき、そのことを話したけれど、選択肢が限られているから。

D：お父さんは弟のイエスも愚かなことをしていると考えているのかしら？

A：それはないわ。父はナザレンの言葉を、そして彼がしようとしていることをすべて信じている。父はただ、女性や女の子がそうした道に進むことに慣れていないだけ。わたしが男の子だったら問題にはならなかっただろうし、両親はわたしの身の安全を心配するかもしれないけれど、愛と祝福をもって送りだしてくれただろうと思う。
D：ご両親はただあなたを守ろうとしているのね。心からあなたの幸福を願っているのよ、それがあなたの望む生活ではないにしても。あなたにとって最善のことを願っているんだわ。
A：ええ。だからもう一年近く努力してきたの。両親が望むことをしてきたわ。母を手伝って子どもたちの世話をしてきた。でもこれ以上は無理なの。実際の年齢より年老いた気がするわ。わたしにとって結婚は愚かだと感じるの。わたしには結婚する理由がないから。わたしが愛しているのは、人々に伝えたい真実だけなの。それにわたしは……もし誰か男の人を愛するとしたら、それはナザレンよ。でもそれは決して叶わないとわかっている。だから彼を愛するわたしの部分は、女性の愛し方とは別の愛し方を学ばなければいけないの。
D：あなたの時代の女性の生き方からすると、そのような生き方は伝統に背いていますよね？　だからご両親は胸を痛めているのかもしれませんね。
A：でもわたしは教師に、そして助言者になる運命だとわかっているの。わたしの心にはその運命しかないんだもの。わたしがすべきことはそれだけだとわかっている。他に選択肢がないことを両親が理解し、認めてくれるだけでいいのだけれど。道は一つだけだから。
D：旅に出たら、思っていたより大変かもしれないと考えたことはありますか？
A：そのことへの不安はないわ。死や苦難も恐れていないの。物事はシンプルだと思っている。わたしにとって生きる理由は数少ないのよ。わたしには、両親がわたしに望むことをする力がないの。両親が心から願い、わたしの幸福を思ってのことだとしても。

D：このことについてナザレンと話し合ったと言っていましたね？　彼はどう感じているのかしら？

A：一年前に話したとき、彼はわたしの顔にそっと触れて、「あなたは女の子だから今は共に歩めない」と言ったわ。でもいつか一緒に行けるだろう、って。

D：ええ、それは覚えているわ。

A：それにわたしは、彼が両親に聞こえるようにそう言っていただけだということもわかっていたの。彼の目を見つめたら、彼のほうがちゃんとわかっていたわ。彼は愛情ゆえに、そしてわたしを守るためにそうしたのよ。だからわたしは男性の格好をして髪を切ったら、誰も気づかないって言ったの。今度は彼も断らないはずよ。わたしがそのことに関しては口を閉ざし、沈黙を守っていることを彼は知っているわ。なぜかは話していないけれど、彼はその理由も承知している。わたしが彼と共に歩むつもりだということも知っているし、受け入れてくれるはずよ。わたしの意志が心からのもので、神から来ていることを理解しているから。

D：あなたは子どもだから気が変わるかもしれないと彼は思ったのかもしれませんね。

A：でもこの一年、わたしが従順な娘になって両親の望みを叶えようと努力してきたことを彼は知っているわ。わたしが最善を尽くしたこと、努力したことも知っているの。わたしが結婚して子どもを持つなんて間違っている。だってその結婚は心からの本物の愛情によるものではないから。この心にあるものを抱えながら幸せな結婚なんてできないわ。

D：それは何よりも義務感からの結婚になってしまうものね。でも彼はあなたの気が変わると考えたのかもしれませんね。あなたの年頃の人は自分が何をしたいのかわかっていないのが普通だもの。ともかく、**どうする**つもりなの？

A：彼がまた旅立つときの知らせを待っているの。（きっぱりと）わたしも行くつもりよ。

D：彼は今エルサレムにいるのかしら？

A：二、三日で戻ってくるはずよ。

D：彼がどこにいたのか知っていますか？

A：家族が住む家に行っていたのだと思う。そこで問題があったから。でも彼は伝道と集会を続けて、色々な街を訪ねているわ。

D：グループを連れて？

A：小さなグループよ。

D：彼の家族が住む家はどこにあるのかしら？　どの街にあるか知っていますか？

A：離れたところよ……ナザレの辺りだけれど、ここからだと歩いて数日かかると思う。行ったことはないけれど。

D：でも彼の家はナザレにはないのですね。そこに住んでいる彼の家族は誰なのか知っていますか？

A：兄弟が……兄弟が住んでいるのだと思う。それで、家で困ったことがあったの。よくは知らないけれど。大人はわたしがいるところではそのことについてあまり話さないから。

D：家族と言えば、彼は結婚しているのかしら（これは探りを入れるための質問だった）。

A：あら、彼は決して結婚しないわ。神と信念に心を捧げているんですもの。それこそが生きている理由だと彼は感じているわ。彼は神や信念に捧げるみたいに、女性や家庭に忠実に心を捧げることはできないの。

D：じゃあ、その家族の家に住んでいるのは主に彼の兄弟ということですか？

A：ええ。彼の両親の家よ。その辺りに兄弟たちが住んでいるの。

D：彼が家の問題を抱えていると聞いて驚いたわ。順調な日々だと思っていたから。

わたしは立ち入ったこと、見え透いたことを口にせずに何が起こっているのかを知ろうと模索していた。

A：彼の兄弟が問題のようなものを抱えているのだと思う。

D：この前あなたは、お父さんも自分の両親にそれほど会わないと言っていましたね。その理由も、家族の問題があるからなのかしら？

A：聞いた話だと、父のお父さんは父のことを認めるのが難しかったみたい。父がお母さんと呼んでいる女性が……父のお父さんのもとに留まらなかったから。

D：お父さんとナザレンは半分血の繋がった兄弟だって言っていましたね。

A：うまく説明できるかわからないけれど、父のお母さんは父のお父さんと結婚できなかったのだと思う。それで問題があったの。彼女は病気だったらしいわ。わたしは全部を知っているわけではないけれど。

D：つまり、ナザレンとあなたのお父さんは母親が同じではないというわけですね？　どちらが年長か知っていますか？　あなたのお父さんかナザレンか、どちらが年上なのかしら？

A：父のほうがナザレンより年上よ。

D：だからお父さんは家族と接触がないのかしら？

A：ええ。そこに苦しみが、大きな苦しみと困惑と恥意識があるのだと思う。でもずっと昔に起こったことなのよ。

D：でも、そのことをナザレンは気にしていないようですね？

A：彼なら全容を知っていると思うわ。父と彼は一緒に商売をしてきたし、二人が信じていることも似ているの。

D：何か隠しごとがあるみたいに聞こえたから気になったのだけれど、家族の問題って、他の兄弟たちに関係のあることかしら？　その兄弟たちも家族の問題を抱えていると言っていましたね？　それとも他に問題があるのかしら？

A：ええ。何か嫉妬のようなものがあるのだと思う、そういった問題が。

D：いつかすべてがわかる日がくるかもしれないから、わかったら教えてくださいね。大人たちがあなたの前で話したくない理由も理解できるわ。家族の問題を子どもに知られたくないのでしょうね。ところで、あなたの国では長男に父親の名前をつける習慣がありますか？

A：誰かの思い出として子どもに名付ける習慣はあるわ。そうすることで、その子を通してその人が生き続けるのよ。

D：あなたのお父さんにはそのお父さんの名前がついていると言っていましたね。

A：そうよ。わたしの祖母が父にヨセフと名付けたんだと思う。祖父の愛と思い出を留めておくために。だって祖母は祖父と一緒になれないことを知っていたから。

D：でもお祖父さんは、イエスと他の子たちのお母さんと結婚したのですね？

A：ええ。そのことと祖母の病気が関係あるのかどうかはわからないけれど。

D：でも、あなたはお祖父さんやお祖母さんとあまり会わないと言っていましたね。それは二人が遠くに住んでいるからなのかしら、それともお父さんの出生の問題があったからかしら？

A：遠すぎるからだって聞いているけれど、父のことも問題なのかどうかはわからない。

D：好奇心から訊いているだけなのよ。もしナザレンと旅立つことになったら、あなたは何をすることになっているのですか？　どういった役割があるのかしら？

A：学び続けるの。彼が望むことなら、どんなことでもできるだけ手助けしたいわ。病人や貧しい人やとても困っている人と過ごすのは怖くないの。わたしは与えられる人になりたいし、彼が助けたり癒やしたりしていることを学びたい。そして神の法に従って生きるの。

D：そういったことを彼に教えてもらえるのかしら？

A：そう思う。

D：彼は人を癒やす方法を知っているのかしら？　彼がそうしたことをする場面を見たことがありますか？

A：ええ、一度――そこにいてはいけなかったんだけど。ナザレンが夜に村で集会を開いたの。わたしはこっそり抜けだして隠れていた。そこには子どもがいて……母親が病気の子を連れてきていたの。その子のどこが悪いのかはわからなかったけれど、彼がその子を受け取って抱くのを見たわ。彼は膝にその子を置いて、両手を当てたの。そうしたらその子が泣きやんで、熱が下がり、よくなったのよ（その声には畏敬の念が感じられた）。

D：彼がどうやったのかわかりますか？

A：わからない。彼は……神の法に従う生き方を知っているのだと思う。彼は愛と思いやりを通して変化を起こすことができる。その変化が起こるべきものなら。

D：それがあなたの時代の病気を癒やす普通のやり方ではないですよね？

A：違うわ。わたしたちには医者がいて、普通は彼らが病人を診るのよ。でもあの夜見たことは奇跡だったの。あの子のどこが悪いのかはわからなかったけれど、泣いていたし、赤くなって汗だくで、すごく苦しんでいた。そんな状態から、おとなしくなって肌の色も戻ったのよ。あんなふうに助ける方法を学びたい。

D：そういうことを学べたら素晴らしいでしょうね。彼が他に癒やしを行った話を聞いたことがありますか？

A：手足の不自由な男性を癒やしたという話を聞いたことがあるわ。噂は聞くけれど、よくはわからない。いつか彼に訊こうと思う。

D：どんな噂を聞くのかしら？

A：それは……彼が人の目を見えるようにした話や、手足を癒やしてまた歩けるように、使えるようにした話よ。

D：でもそれが本当の話かどうかは知らないのですね？

A：本当だと思いたいわ。自分がこの目で見たことはわかっているから。でも、どれだけ神を信じていても、普通の人間にできるなんて信じがたい事柄っていうものがあるでしょう？

D：ええ、生身の人間にはね。そういうことができるのだとしたら、彼はきっと素晴らしい人物なのでしょうね。

A：彼は……人と違うの。彼と会ったり話したりしているとき、彼に触れられるとき、それまでに会った人とは全然違うとわかるの。だからこそ彼は決して……他の人と一緒になれないのよ。それが彼の生き方で、その生き方しかないのだから。そうした生き方がわたしの進むべき生き方だということを、わたしはただ愛ゆえに知っていて、祈りや心の声や神から聞こえてくる答えもそうだと言っているわ。わたしは独身のまま、自分が信じていることに身を捧げる運命なの。

D：それが本当にあなたの信じていることなら、あなたが望み通りにするのが正しいのでしょうね。

A：それにわたしは自分がもう子どものような気がしないわ。

D：彼がしたことで普通じゃないことを他に何か聞いたことがありますか？

Ａ：ええ……彼はどこかへ行って、**わたしたちの**学校や寺院の人たちとは違う教育を受けたと聞いたわ。遠い国の賢者たちからも学んだそうよ。多分その人たちから癒やしについて多くを教わったのだと思う。そして心が純粋で神と同調していれば、肉体としての存在や自分自身を変えられるといったことも。このことも家の問題と関係しているようなの。彼の家族の間でも疑問があるのだと思うわ。でも……

Ｄ：どういった疑問？

Ａ：彼ができることに対する疑問よ。彼が教わったことについての。

Ｄ：そのせいで彼が人とは違うと家族は考えているのかしら？

Ａ：ええ。彼らが信じているのかどうかもわたしにはわからない。

Ｄ：学校以外でも教育を受ける方法はたくさんあるわ。その他国の人たちは多くの素晴らしい知識を彼に教えることができたのかもしれませんね。でも他の兄弟たちはその教育を受けるのを許されなかったのかしら？

Ａ：というか、そもそも希望していなかったのだと思う。彼らのほとんどは、他の一般の人たちみたいに普通の暮らしをしたかったんじゃないかしら。

Ｄ：彼のような人生を望まなかったのなら、嫉妬するべきじゃないですよね。

Ａ：ええ、でも村では疑問視する声があるのかもしれない。そうすると暮らしにくくなるから。彼のことを恥じているのかもしれないし。
D：ええ、そうかもしれないですね。それが問題なのかも。だって村の人たちは彼が子どもの頃から知っていたわけでしょう？
A：ええ。それに彼ができるようなことを他にできる人がいないんだもの。
D：彼がしていることをごまかしや手品の一種のように思っているのかしら？
A：そう思っている人たちもいるでしょうね。
D：彼が人を騙そうとしていると思っているのですね。何か信じられないことが起こったら、それが問題になることもあるから。
A：（ため息）ああ、彼が見えるわ。
D：彼が来ているのですか？
A：彼が見える……今は頭の中で彼が見えていて、道を進んでいるのがわかる。それに……彼の頭の周辺にきらめく王冠のようなエネルギーが見えるわ。
D：彼と一緒にいるときにもそれを見たことがありますか？　それとも今、頭の中に浮かんでいるだけかしら？
A：初めて見るわ。
D：どういうことだと思いますか？

A：これは「真実」を表しているのだと思う。諦めずに信仰をもちなさいと。彼と共に歩むのは正しいということを示しているのだと思う。

D：彼はとても素晴らしい人のようだけれど、癒やし以外に彼がなした非日常的な話を他に聞いたことはありますか？

A：他の話も……あるわ。両親が話していたの。家には他に誰かいて、大人たちはわたしが眠っていると思ったみたい。その話では、雨が降らなくて困っている地域があって、人々が彼を疑っていると……そこで彼が雨を降らせたの。たしかその話をしていたのよ（静かに、畏敬の念をこめて）その話を忘れていたわ。この辺りでは時々そういうことが起こるの。ほとんど雨が降らない年があるのよ。

D：それも一種の奇跡ですね？

A：ええ。でも彼が一番伝えたいのは、指針となる神の法のことよ。それと、いかに他者を愛するかということ。恐れや嫉妬を抱かず、平穏に生きられるということ。愛のある親切心をもって生きることが人間の本質だということ。

D：でも、そういったことを人に教えるのは難しいときがありますね。すごくシンプルな教えだけれど、耳を傾けたくない人もいるでしょうから。

A：そうなの。だから彼は神殿で議論になったの。なぜなら彼は、あの人たちのやり方の多くが非情で愛に欠けていると思ったから。だから彼は自分の歩む道を定めて神の法を広め、男性も女性もどのように生きるべきかを伝えることにしたの。

D：神殿で議論になったのは、彼が旅に出て教えを伝え始める前のことですか？

A：ええ。それがきっかけで彼は去ったの。

D：何が起こったか知っていますか？

A：問題は一つだけじゃなかったわ。あの人たちは助けを必要としている人や貧しい人、苦しんでいる人たちに何かをしてあげたいと思っていなかった。あの人たちは庶民の問題を見ても批判するだけで、理解や同情をほとんど示さなかった。そうしたことを含め、色々な問題があったの。

D：彼らは批判的だったということですか？

A：ええ、とても。それに厳しいの。理由もないのに。

D：彼らというのは祭司のことですか、ラビのことですか？

A：ええ、ラビのことよ。すべてにおいて、一つのやり方しかないの。多くの場合、そのやり方は不公平で不親切だった。ラビは自分たちの地位や権力を利用して決定を曲げてしまうことがある。庶民は対立や問題が起こるとラビのもとに行くから、ラビは**自分たちが**神になった気がしたのよ。神に**耳を傾けて**公平であろうともしないで。

D：権力は人を変えてしまうことがありますからね。

A：ええ。だからラビは奉仕することや問題解決を手助けすることに努めるのではなく、問題を増やしてしまうこともあるの。

D：では彼らは慈悲もかけなければ他の解釈をすることもなく、厳格に律法を遵守しようとしているのですか？　それが原因でイエスは怒ったのかしら？

A：それが原因でナザレンはとても失望したのよ。神殿で耳にすることやラビが言っていることが、彼の感じている神の望みではないことに気づいたから。ナザレンは、あの人たちが十戒を実践していないと感じたの。あの人たちの発言を疑問視し、どうしてこのやり方ででないのか尋ねたけれど、あの人たちは疑問視されることに慣れていないから。

D：彼らは自分たちの発言を法律のように扱うことが当たり前になっていたのね。

A：そうよ。しかもナザレンは正義と慈悲と公平さを示しながら、問題をうまく解決する方法を考えだした。そして間違いを犯した人たちが償いをする方法も。だから彼はその解決法を提示して、彼らのやり方に異論を唱えた。それが多くの問題を生んだの。ナザレンの解決法のほうが明瞭で公平だったから、ラビは怒ったんだと思う。でもナザレンは偽善や残酷さを受け入れられなかった。だって愛と慈悲心に欠けているのは神ではなく人間だったから。そうして彼は、自分の神殿はこの地上であり、地球が床、空が天井だと思うようになった。

彼は神の法を伝え、師になろうと決めたの。

D：それは素晴らしいことですね。彼がその時代の教えに異論を唱えたのなら、ラビたちが彼のことを反逆児だと考えるのも頷けるわ。彼はどうやって信奉者を見いだしたのかしら？

　それとも信奉者のほうが彼を見いだしたの？

A：彼のやり方に共感する人たちは前からいたけれど、彼らはとても恐れていた。だから集会が様々な家で行われるようになったの、口伝えでね。そうして人々が従い始めた。

D：その人たちは彼と共にいたいと徐々に思うようになったのですか？

A：ええ。彼が話をするとき、そこに真実があるから。彼は心から、そして神のもとに語るの。

D：とても素晴らしい人のようですね。あなたがついて行きたい気持ちがわかるわ。さっき、あなたの村の話をしていたけれど、あなたはエルサレムに住んでいるんじゃなかったかしら？

A：ええ、エルサレムよ。でも小さく区分けされているから。

D：どういうことかしら。

A：都は区域がわけられているの。この地域というのかしら？　ここは東部で、以前は東門と呼ばれていたわ。だから各地域は、神殿の様々な門にちなんで名付けられたのだと思う。

この辺りの村々は、同じ信条をもつ人たちが身を寄せ合ってできたんじゃないかしら。それと、それぞれの富に応じて。

D：神殿は門と壁に囲まれているのですか？　わたしがイメージする門は通常、壁の一部になっているのだけれど。

A：そうよ。もともとは巨大な神殿で、それを囲む壁と様々な出入口があったの。だからここは東側よ。様々な地名があるけれど、すべてエルサレム内のことよ。

ヨセフスがその歴史書に述べていることによると、エルサレムはチロプオン渓谷によって自然に東西に分かれていた。両地域はそれぞれ上町、下町として知られていた。ナオミは東側に位置する下町のほうに住んでいるようだった。

D：神殿以外に大きくて重要な建物はありますか？

A：神殿が一番大きくて最も重要な建物よ。他にも大きな建物はあるけれど。行政の建物とか役所、貯蔵庫、学校とかが大きいわ。

D：そこは大きな都なのですね。ユダヤ教の寺院以外にも、違った種類の寺院のような場所があると聞いたことがありますが、本当ですか？

A：他の信仰とか、寺院と呼ばれる学校のことは聞いたことがあるわ。

D：そうした寺院に行ったことはありますか？

A：いいえ、ないわ。

D：ローマ人について知っていますか？

A：ええ。ローマ人にも彼らのための建物や学校や礼拝所があるわ。わたしたちはできるだけローマ人とは関わらず、距離を置こうとしているけれど。

D：わかるわ。兵士を見かけることはありますか？

A：そんなには見かけない。彼らが誰かを捜しているときは別だけれど、この地域ではあまり見ないわ。

D：エルサレムには市場がありますか？

A：ええ、市街地に市場があるの。必要なものは何でもそこで買えるわ。そこは特別な地域で、色々と整っているのよ。日用品や食べものがあって……その地域に市場と呼ばれる小さな商店が並んでいるの。屋外市場よ。

D：あなたが住んでいるところから近いですか？

A：ええ、歩いて行けるわ。都にはいくつか市場があるけれど、ここから近いところにも一つあるわ。

D：神殿の壁にある門はどんなふうに見えますか？

A：門は以前のものから変わったと聞いたわ。今は木製で、二枚の扉でできているの。とても高くて重厚な門よ。

D：変わったということは、以前はどんなだったのかしら？

A：再建する必要があったと聞いたわ。だからより高く頑丈に再建されたらしいの。

D：なぜ再建する必要があったのですか？

A：一度、兵士と揉めたらしいの。兵士たちは神殿の人たちに思い知らせようとしたそうよ。ローマ人がわたしたちから穀物をもっと徴収しようとしたから、反乱が起きたの。何年か干ばつが続いていたから反乱が起こって、城壁の一部と神殿の一部が破壊されたの。その神殿の一部も再建されたと思うわ。ローマ人は彼らの法をたてにしてわたしたちに色々な問題をもたらすの。それに彼らの理解の欠如も原因だわ。

D：ローマ人が統治者なのですか？

A：ええ、彼らに支配権がある。でもわたしたち、つまりユダヤ教の神殿の人たちにとっては、ラビが支配者だと感じている。ローマ人は彼ら独自の法と権力と支配権を持っているけれど。

D：以前、あなたたちには王がいると言っていましたね？

Ａ：ローマ人の王ね。王が支配し、皆に命令を出すの。ローマ人の王のことよ。

Ｄ：女の子ならそういったことは深く知る必要はないのでしょうね？

Ａ：ええ、知ろうとしていないわ。彼らについては少ししか知らないし聞かないけれど、彼らのことを認めようとも思わない。彼らのことも、彼らの法のことにも関心がないの。彼らはわたしたちに多くの困難をもたらした。わたしは教えて学ぶ人生に、そしてすべての人の利益のためにに自分のエネルギーを注ぎたい。それがローマ人であれ、ユダヤ人であれ、あるいは他の信仰を持つ人であれ、皆が共に生きていけるように。

Ｄ：でも、国としてはローマ人に従わないといけないということ？

Ａ：ええ。ここしばらくは平和に暮らしているわ。

Ｄ：良かったわ、それを聞いて安心しました。国の状況について気になっていたから。あなたはナザレンが来るのを待っていると言っていましたね？　どんな準備をしているのですか？

Ａ：今はただ普通の日課をこなしているけれど、彼がもうすぐ到着する気がする。わたしの準備はできているわ。外衣の用意もしたし、いつでも出発できる。国内はいつも安全というわけではないの。都から出たり遠くへ行ったりすると、盗みや殺しをする集団がいるから

――ローマ人でも非ローマ人でもよ。

D：じゃあ、旅に出たら本当に安全ではないのですね？
A：常に安全とは限らない。何が起こるかわからないから。
D：だから男の子に変装したいのですか？
A：男の子のほうが受け入れられやすいからよ。
D：そのほうが安全だからというわけではなく？
A：ええ。
D：人々はそうしたことを女性からは受け入れないだろうと思うのですか？
A：女性からのほうが受け入れがたいでしょうね。女性は男性が受ける教育を許されていないから。女性は家を切り盛りして小さい子たちの面倒をみることになっている。だからわたしもそうしてきた。日中は母が面倒を見ている子たちの世話の手伝いをしてきたわ。
D：女性にはそうしたことが期待されているから、人はあなたにそれほど知識があるはずがないと考えているわけですね。では彼が到着するときに時間を進めましょう。彼が到着したら、その後に何が起こるのかわかるわ。カウントダウンしたほうがいいですか？　それとも、もうそこにいるかしら？
A：ああ、彼が見える。（沈黙）他に三人の男性が一緒にいる。彼が入ってきて、仕事場にいる父と話しているわ。それから……彼が入ってきた。声をかけてくれたから、わたしは決意を固めたと彼に伝えた。この人生ですべきことは一つだけで、それは彼と共に歩むことだと。そして病人であれ、貧しい人であれ、困っている人であれ、彼がわたしに手を貸してほしいと思う相手に教えを伝え、彼らに奉仕したいと話したわ。

D：彼はなんて言っていますか？

A：（沈黙）彼はわたしを見て、わたしの顔を両手で包みこんだ。この世を超越したあの目をして。彼はわかっている……彼がなんと言おうとわたしを止められないことを。ではそうしなさい、と彼が言った。母が入ってきたわ。両親に伝えないといけない。わたしは最善を尽くしたけれど、ここ最近、沈黙してきた。祈ってきた。わたしは神がわたしに何をしてほしいか知っている。心の声に耳を傾けてきたから。どんな男性であれ、わたしとは幸せになれない。ここに留まって結婚し、家庭を持てばわたしの胸が張り裂けてしまう。それはわたしの使命ではないから。わたしはそう両親に伝えた。わかってほしい、そんなわたしを愛してほしいと。わたしはこの旅に出なければいけないから。

D：ご両親の反応は？

A：母が泣いている。父は沈黙してしまった。でもナザレンが言ってくれたわ。「この子は心からの思いを話していて、この世の唯一の真実を知っている。そうするほかない。彼女はわたしの保護と愛があるのを承知し、平和のうちにわたしと共に歩むことができるでしょう。

わたしを助け、神の法に従って生きることを学び、自分が必要とされるところで奉仕することを学ぶはずだ」

D：彼があなたに来てほしいと望むなら、ご両親にはもう何も言えないですね？

A：ええ。この数か月、わたしが我慢強く静かにしていたから、もう何があってもわたしがそうするつもりだと二人はわかっている。

D：子どもの衝動ではないと、二人はわかっているのですね。

A：ええ。それに彼もわたしが共に歩むつもりだとわかっているわ。

D：彼はいつ出発するのかしら？

A：朝になったら地方に向かうわ。そこの人たちは重い病気で、彼の教えを聞く必要があるの。そうすれば彼らは信仰を見つけて、希望を、生きていく理由を得られるかもしれない。その人たちは「らい病」にかかっていると彼が言っている。とても悲しい病気なんだと。

D：あなたもそうした地域、そんなにたくさん病人がいる地域に入ることができると思いますか？

A：ええ。そのためにいるんだもの。

D：他の人たちも彼と一緒に行くのですか？

A：彼といつも一緒にいるグループがあるの。その時々で人数は変わるみたい。でも彼の信奉者のほとんどは男性よ。たまに女性も見かけるけれど、年配の女性たちなの。
D：あなたと同じ年頃の人はいないのですね。
A：いないわ。でもわたしの準備はできている。
D：では朝に出発ですね。もう髪は切りましたか？　変装するために髪を切るつもりだと言っていましたね？
A：皆が就寝してから切るつもりよ。大人をこれ以上悲しませたくないから。母が面倒を見ている子どもたちに会いたくなると思うわ。その子たちはわたしにたくさんの喜びをもたらしてくれたの。でも両親には両親のするべきことがあって、いるべき場所があることもわたしにはわかっている。
D：もちろんよ。うまくいかなければ、いつでも戻ってこられるわ。
A：ええ。こうして戻ってくることもあるものね。
D：さあ、では彼と一緒に出発する朝まで時間を進めましょうか。そのとき何が起こっているかを教えてください。
A：（ため息）ええ……わたしは愛と喜びにあふれている。でも……少し悲しい。なぜなら今までの人生に別れを告げて、新しい人生を始めようとしているから。（悲しそうに）母を抱きしめてキスをし、わたしは大丈夫だからと話している。わたしは出発しなければいけないけれど、母のことは愛していると。父は目に涙を浮かべている。わたしたちは抱きしめあって……わたしは最後に振り返った。（強い感情にあふれた口調だったが、やがて諦めたか意を決したような口調で）行く準備はできたわ。

D：（とても感情を揺さぶられる場面だったので、わたしは邪魔者のような気がした）まったく新しい人生が待っているのですね？

A：（深いため息）ええ。

D：エルサレムを出たことがないのだから、この旅は冒険になりますね？

A：（穏やかに）ええ。

D：若い女の子が普通ならできない経験ですよ（わたしは彼女の注意を悲しみからそらそうとした）。今日、一緒に行くグループには何人いますか？

A：ええと、数えてみるわ。合わせて……十二人よ。

D：イエスとあなたも含めて？

A：ええ、そうよ。

D：その中に知っている人はいますか？

A：見覚えはあるわ。彼と一緒にいるところを見かけたことがあるか、集会のためにこっそり抜けだしたときに見たのだと思うけれど、知っているわけではないわ。

D：やがてその人たちと知り合い、名前もわかってくるでしょうね。あなたが来ることについて、その人たちはどう思っているのかしら。

A：彼らもわたしと志が似ているから、受け入れてくれると思うわ。

D：食べものや雨風をしのぐ場所を見つける必要があるんでしょう？

A：ええ、でもこの時期は充分暖かいから、眠る場所は確保できるわ。それに水や食糧もあるみたい。旅が続く間の分が用意されているようだわ。それに立ち寄る予定の滞在先も。

D：動物は連れていますか？　荷物をどうやって運ぶのかしら。

A：手で運んでいる荷物もあるけれど、数頭の動物に……ロバにも荷物を積んでいるみたい。あとヤギも一匹いるけど、一緒に連れていくのかはわからない。何かが必要になれば、どこに立ち寄ればいいかはわかっているみたいよ。

D：あなたの持ち物は？

A：あるわ。色々な物をいれた布袋を持ってきたの。それと毛布にちょっとした私物を。あとは必需品だけよ。

D：残しておきたくなかった私物とかはあるのかしら。

A：そうね……わたし……（恥ずかしがっているようだった）必要な物だけを持ってきたわ。私物って、お気に入りの物とかを言っているの？

D：ええ。どうしても持ってきたかった物。

A：手に持ったり首につけたりできる魔除けがあるの。子どもの頃から持っているのよ。

D：どんな魔除け？

A：子どもの頃、父が作ってくれたの。それにはシンボルが……多分、星だと思うんだけど、六角のものよ。でもわたしにとっては愛と神のシンボルなの。わたしが五歳のときに作ってくれた。

D：お父さんがくれたという理由以外にも大切な理由があるのかしら？

A：父は文字も入れてくれたの。その文字は人生を表していて、星の中央部に書かれているのよ。「ハイ」と（発音どおり）。

ヘブライ語に関して助言をくれるユダヤ人の友人に訊いたところ、「人生」を意味する言葉が発音どおり「Chai」と綴るらしく、それはヘブライ語の二つの符号で記されるという。おそらく彼女はそれを指しているのだろう。「ダビデの星」の中央は空白になっているので、そこに二つの符号を組み合わせてデザインするのは可能とのことだった。

D：それがその文字の呼称なのですか？

A：それで「人生」という意味なのよ。

D：その六角の星には重要な意味があるのかしら？

A：これはダビデの星で、ユダヤ教では重要なの。

D：でもほとんどの魔除けには、その文字は入っていないのですね？

A：ええ。父がわたしのために入れてくれたのよ。

D：じゃあ、とても個人的な物ということですね。

A：ええ。ほとんどの人には内緒にしているの（はにかんで笑う）。

D：ええ、とても個人的なものですものね。それがあなたにとってどれだけ大切なものかわかるわ。家の一部を持ち運んでいるような気分になれるものね。目的地までは何日もかかるのですか？

A：一日半ほど歩くと聞いているわ。皆の体力と健康状態によるし、暑さとかも考慮しないといけないけれど、大体それくらいのはずよ。

D：エルサレムから見てどの方向に進んでいるのかわかりますか？

A：どうかしら。向かっているのは……東南だと思う。

D：そちらの方向の土地はどんなふうに見えますか？

A：ええと……丘陵と砂地が見えるわ。歩き続けていると、遠くに緑が見えてきた。あちこちに何本か木が見える。でもほとんどは何もない砂漠が広がっているわ。

D：では暑いでしょうね。エルサレム周辺はどこもそんな感じですか？

A：エルサレムには泉や水源地があるから、緑が多い地域や木々もあるし、丘陵もあるわ。一面が砂漠というわけではないの。

D：この先には大変な旅路が待っているでしょうね。でもあなたには行く決意ができていて、それは素晴らしいことだわ。そろそろわたしは去って、あなたに旅を続けてもらいますね。

そこでわたしはアンナの意識を戻し、ナオミは退いた。物語の続きをするために、次回呼びだされるまで待っていてくれるだろう。

ナオミが人生でしたかったことの重大さ、そして父の家を出るときに見せた勇気をわたしがはっきり思い知ったのは、当時の習慣を調査してからのことだった。イエスの時代、ユダヤ人は律法、つまりトーラー（旧約聖書の最初にあるモーセの律法）を厳守して生きていた。それらの律法は彼らの人生のすべてを司っていたが、それは祭司とイエスの間の論争の焦点でもあった。イエスはエッセネ派のもとで学んだとき、律法の異なる解釈、もっと公平な解釈を教わった。イエスは、祭司たちが律法厳守に固執するがあまり個々人のことを忘れてしまったと考えた。そして彼は、状況によって融通をきかせてそれらの規則を適用すればいいのではないかと考えたのだ。たとえば、当時の文化における女性の扱い方が挙げられる。エッセネ派が暮らすクムランでは、女性は男性と同等に扱われていた。女性は本人が学びたいことなら何でも学び、多くが教師になった。『イエスとエッセネ派』で発見したところによると、イエスには多くの女性の弟子がいたが、聖書では度重なる編集や削除によってその事実が消えてしまっている。

イエスは比喩を用いて民衆に語りかけた。彼らの日常的な事柄になぞらえ、彼らが理解し共感できる形で教えを説いたのだ。イエスの弟子たちは宇宙の霊的法則や、癒やしといわゆる「奇跡」を起こす手法を教わった。なぜなら、彼らはそうした事柄を理解できるよう修行を積んだからだ。しかし、彼のそうした知識すべてを共有できる相手が見つかったかどうかは議論の余地がある。聖書には、彼がそうした人を見つけたことを示す記述はない。彼は、女性のほうが直感能力に長けているので教えをより理解できると気づいた。女性の弟子が世に出て教えを広めるとき、女性のほうが男性よりも危険に遭いやすいことを彼は知っていたので、安全のために彼女たちを男性とペアにした。女性を対等とみなすイエスの彼女たちへの敬意は、石打の刑にあいかけた娼婦を彼がかばった話によく表れている。そうしたことすべてが律法の教えに反していたため、軋轢が生じた。このことは、当時のパレスチナで女性がどのように扱われていたかを知ればよく理解できるだろう。

トーラーによると、女性は男性より劣っていた。女性は公共の生活に参加しなかった。女性（とくに未婚の少女たち）は家にいるのがふさわしく、そうするのが当然になっていた。付添なしで家を出るべきではなく、外出するときも人前では気づかれないようにするのが当たり前だった。市場や集会所、法廷、会合など、多くの人が集まる場所、つまりすべての公共の場所は男性のためのものとされ、女性のための場所ではなかった。神殿の「女性の庭」で行われる大規模な祝祭では群衆の数も増えるため、女性を男性から離すために女性用のギャラリーを設ける必要があった。女性も地元のシナゴーグで礼拝を受けることはできたが、女性用の場所は格子で隔てられ、別の出入口まであったという。礼拝中、女性は話を聞くだけだった。律法は女性のことを嘘つきと定めていたため、係争が起きても女性に証言する権利はなかった。

そうした規則の一部は、経済的な理由から実行するのが難しかった。多くの女性は夫を助け、商売や畑仕事の手助けをする必要があったからだ。しかし、女性が一人で畑に出ることはできず、たとえ田舎でも男性が見知らぬ女性と話す風習はなかった。イエスはしばしばこの風習を破り、男性の弟子を驚かせた。彼は女性を見かけたらどこでも堂々と話しかけた。礼儀上、男性は女性と二人きりになったり、既婚女性を見たり、女性に挨拶したりすることさえ禁じられていたのだ。博識ある人間なら路上で女性と言葉を交わすのは恥ずべきこととされた。

こうした風習を踏まえると、当時の女性がどのような危険を冒していたかがわかる。つまり、女性は彼の教えを聞きにいくだけでも伝統に背くことになるので、そうすることで厳しい批判や中傷を受ける危険を冒していたのだ。このことから、女性が彼に惹かれていた理由が説明できるかもしれない。他のどんな男性もしたことのないやり方で女性を扱う男性がいたのだ。彼女たちがその男性を愛したのも不思議ではない。

女性の教育は家庭内での仕事、とりわけ料理や針仕事、織物、子どもの世話などに限られていた。妻や娘は完全にその家庭の男性の支配下に置かれ、なんの権利も持たなかった。妻は夫に完全服従する義務があり、子どもたちは母親よりも父親を尊敬しなければならなかった。十二歳になるまでの女の子に対しては、父親が絶対的な力を持っていた。必要に迫られれば、女の子は奴隷に売り飛ばされることさえあったのだ。十二歳になると成年に達したとされ、父親がその娘の縁談を決める。彼女の所有権、完全服従は父親から夫へと引き渡される。

この風習を理解すれば、なぜナオミが父の家に留まることで訪れるであろう運命を心配していたかがよくわかる。女の子が婚約する一般的な年齢は十二歳から十二歳半で、通常は一年後に結婚となる。ナオミは自分がまだ十三歳にはなっていないし、結婚して普通の暮らしをする願望はないと繰り返していた。イエスと共に歩む将来だけが彼女の望みだと。それは女性としては前代未聞の願望だったが、ナオミはその願望を伝えなければ、耐えられない人生に囚われてしまうことを知っていたのだ。そう考えると、家を出て叔父のイエスに従いたいという彼女の希望が常軌を逸していたことがわかる。普通の状況ならその希望は認められなかっただろう。同胞の風習を公然と拒否することで、ナオミは自分が並大抵の少女ではないことを示した。また、なぜ彼女が髪を切って男の子の格好をすると主張したのかもわかる。少女は公共の場に一人でいるところを見られることを厳しく禁じられ、ましてやグループで旅をすることなど言語道断だった。秘密の集会にこっそり参加するときも変装していたのだ。そうしたことも男の子なら許されていたかもしれないが、女の子は許されなかった。

先述したように、学校とは律法を学習し理解するための宗教的な場所だった。読み書き以外は何も教わらない。教育とはユダヤ人の男の子たちだけのもので、女の子のためのものではなかった。そうしたわけで、女性は教えることを決して許されなかったのだ。本書の前半で登場するアビゲイルは神殿での教師の役割を与えられていたため、彼女の人生とこの規則は矛盾しているように思われる。しかし彼女はユダヤ人ではないと明言していたため、トーラーの規則に縛られてはいなかったのだ。このことは、祭司たちが彼女とその智慧を嫌悪し、彼女を従属させようとしていた理由をも説明している。

このような背景を踏まえなければ、わたしたちは女性に対するイエスの態度の真価を完全には理解できない。福音書は彼につき従う女性たちについて語っているが、それは当時としては前例のない出来事だった。イエスがそれを許したとき、彼は承知の上で風習を却下したのだ。

彼は女性に対しても教えを説き、彼女たちが公然と参加して質問をすることさえ許した。洗礼者ヨハネは彼女たちに洗礼を施した。イエスは女性たちを風習が定めるよりも高い水準にまで引き上げるだけでは満足せず、男性と対等に神の前に召したかったのだ。イエスの教えはすべて、当時の一般的な考え方とは真逆であり、急進的だった。彼の集会に参加して、その新しい種類の宗教を選ぶことは、男性にとっても女性にとっても勇気が必要なことだったのだ。

第7章

虐げられた者の村

「らい病」（レプロシー Leprosy）は非常に古くからある病気で、その起こりは聖書の時代、おそらくそれ以前にまで遡る。進行すると非常に深刻で、今日でも発症者は病院や療養所に隔離される。その主たる理由は、この病気に対する恐怖心からきている。接触伝染性で、身体に痛ましい症状が現れるからで、発症者はその症状が数年続いた後に死んでいく。［訳注：原語のLeprosy はラテン語の「Lepra」を語源とし、「原因不明の皮膚病の総称」という意味だが、ハンセン病の訳語としても使われている。また、ハンセン病には一九九一年にＷＨＯにより確立された多剤併用療法（ＭＤＴ）と呼ばれる治療法があり、早期に治療すれば痕も残すことなく完治できる。入院や隔離の必要はなく、地域の一般保健所で外来治療を受けることができる。「らい」における差別の歴史をかんがみて、現在では「ハンセン病」という名称が一般的に使われるが、本書では当時の認識に基づいた歴史的用語として「らい病」と訳出している。また、著者がアンナ（ナオミ）とのセッションを行っていたのは一九八七年であるため、隔離に関してはＭＤＴが広く普及する前の認識で書かれていると思われる］。

今日ではハンセン病（Hansen's disease）と呼ばれ、菌がどのように身体に侵入するのか、どのように感染するのかは依然として正確には判明していない。感染病だが、潜伏期間は二年から二十年とされる。増殖速度は遅い。接触伝染性ではあるが、発症者の家族でも感染しないことが多い。らい病は有史以来、存在はしているがいまだに謎の病気である。

現代のわたしたちには、この病気がイエスの時代の人々に与えた恐怖や不安を理解するのが難しい。あまりにも恐ろしい病気だったため、唯一の解決法は発症者を他の人々から離れた場所に隔離することだった。彼らはそこで暮らすことはできたが、他者から監視されることはなかった。視界に入らなければ、忘れることができるというわけだ。イエスの時代、苦しみは神の不興を買った印だと考えられていた。それゆえ、人々はこの気の毒な発症者たちに関わる状況にならない限り、彼らに何が起ころうと気にかけなかった。聖書は彼らを「不浄」とし、人々はこの病気にかかることを恐れながら生活していた。不運な発症者は通常の方法では治療できず、社会から疎外され、死んだも同然の扱いを受けた。彼らが住む村々はその個人と同様に孤立していた。

聖書はこの病気の症状や取るべき予防措置について述べているが、その描写は曖昧だ。今日の聖書研究者の多くが同意するところによると、らい病はヘブライ法のもと発症者を「不浄」扱いにする染みや傷すべてを指していた。医療専門家は、そうした症状のいくつかはらい病だけではなく、他によくある皮膚疾患のものだと主張する。それらの疾患は接触伝染性でもなければ致死的なものでもない。そうした疾患のなかには、古くからある非常に一般的な皮膚疾患である種々の乾癬も含まれる。それはあらゆる皮膚疾患のなかでも最も一般的な疾患で、あらゆる気候、あらゆる人種の間で見られるものだ。貧しい人々や非衛生的な環境で暮らす人々の間では、乾癬は他の感染性疾患、とくに疥癬や掻痒などと関連付けられることもあった。急速に膿疱が出現し、潰瘍が形成されることもあるため、らい病の症状と似ていたのだ。

他にも様々な皮膚疾患があり、それらは虫のついた野菜や着生植物によって生じる。よく知られるものとしては白癬などが挙げられる。それらの疾患は総体的な健康を損なうものではない。他にもカビや乾腐の原因となる真菌などが挙げられ、それらは自己増殖して家や布類にまで影響する。これらを聖書はおそらく「らい病」に分類していたと思われる。これらは種々の乾癬の外見と似ていて、接触伝染性でもあった。

聖書の時代には、現代のわたしたちには不明の病気もあっただろう。中世、さらにはそれ以降においても、様々な皮膚症状を抱える多くの人がらい病と誤診され、しばしばそれ専用の病院に隔離された。十六世紀初頭には、フランスやイタリアの過密状態にあるハンセン病院では視察が行われるほどだった。彼らの大多数、場合によっては入院患者全員が、他の多様な皮膚疾患を患っているだけで、実際にらい病を患っているのはほんの少数であることが判明した。

このような背景から、接触伝染性でもなければ致死的でもない病気の人々がらい病感染者に分類され、隔離に追いやられていたことも考えられる。ユダヤ人は安全最重視で、持続性の皮膚疾患を患う者は誰でも「不浄」とされたのだ。恐怖心が勝ち、らい病感染者に近づこうとする者などおらず、ましてや触れることなど考えもしなかっただろう。唯一の例外がイエスだった。彼はどのような人も等しく受け入れたからである。醜い外見の奥を見ることができ、その変形した体のうちに宿る不滅の魂を知っていたのだ。

実際のらい病は通常、進行の遅い潜行性の疾患である。初期段階では二つの目立った症状が見られる。皮膚に分布する神経線維の感覚喪失と小血管の鬱血で、額や四肢、胴体に斑点や不規則な形の病斑が現れたり、顔や首に赤い斑紋だけが現れたりすることもある。病斑の色は様々で、赤や紫、白い斑点が同時に現れる場合もある。初期段階ではほとんど痛みはないが、患部には一定レベルの感覚麻痺や感覚消失が起こる。とくに指が麻痺し、衰え、茶色く変色する。潰瘍や分泌物が生じる部位が出てくる。

他に、関節が外れたり手指や足指が脱落することもあった。骨、軟骨が破壊されると、やがて四肢が失われ、顔や胴体に深刻な変形が起こる。病が身体のあらゆる部位をゆっくりと侵食していくため、重度の身体的破壊が起こる。多くの場合、切断や変形によって人としての外見のほぼすべての形跡が損なわれる。体感が失われる一方で、しばしば大きな痛みを伴う皮下熱や神経痛も起こる。病気が進行しながら、気の毒な発症者は十年から十五年生き延びることもあるが、真に効果がある治療法は知られていない。症状を抑えることはできるが、病自体が治癒することはない。何世紀もの間、ダイフウシノキの油がらい病の治療薬として認められていた。現代では新薬が開発されているが、ダイフウシノキの油とそのエチルエステルも世界の大部分で引き続き普及している〔訳注：181ページの訳注を参照］。この油はインドの巨木になる果実の種から採取される。パレスチナはインドを含む周辺国との貿易が盛んだったため、この油が使われていた可能性は極めて濃厚だ。

新約聖書ではらい病の十二の実例が言及されているが、そのうちの十例は一つの事例と考えるべきだろう。ルカによる福音書の第十七章十二節から十九節で、イエスが十人のらい病感染者を癒やし、そのうちの一人が感謝を述べに戻ってくる。新約聖書には、らい病感染者のためだけに作られた隔離村にイエスが入っていったという描写はどこにもない。イエスが彼らに偶然出会ったという場面がいくつか出てくるだけだ。イエスが彼らに対して嫌悪感や恐怖心をいだかなかった理由はここで説明できるかもしれない。ナオミの話によると、イエスは彼らの家で感染者にまざって多くの時間を過ごしたからだ。

この外見を蝕む病気について詳細に述べたのは、この病気を理解することでイエスや彼の信奉者たちが働いた状況をより鮮明に描けるからである。

イエス一行が最初に向かう場所はらい病感染者たちの村だとナオミが言ったとき、わたしはイエスの考えを理解し始めた。彼は姪が自分につき従うつもりだと固く決意していることに気づいた。どう説得しても決意を覆すことはできないだろう。しかし、らい病感染者の共同体のような場所に連れていけば、それは彼女にとって「火による洗礼」となるはずだ。彼女はそこで、病気によって外見を蝕まれた気の毒な人たちに触れることになる。それは彼女の運命を左右するはずだ。こうした仕事が楽しいものではなく、人々の苦しみや意図的隔離にさらされるものだと気づくだろう。イエスがナオミをそうした状況に連れていき、最初にもっとも辛い痛みを経験させることを選択したのはただの偶然ではない。彼はおそらく、彼女が耐えられなければ安全な両親のもとに帰らせてくれと頼むだろうと判断したのだ。そうなれば彼は彼女を帰すよう手はずを整えただろう。しかし、彼女はそれを自分で決断するべきで、その決断を受け入れなければならない。自分以外の誰かのせいにすることはできないのだ。彼女は自分の心に従い、ナザレンの道が彼女自身の道かどうかを知ることになる。

翌週のセッションで、わたしは一日半の道中では何も興味深いことは起こらなかっただろうと考え、ナオミの時間を旅の終盤まで進めた。

D：ご両親の家を出て初めての旅が終わりに近づいていています。今は何をしていますか？　何が見えますか？

A：らい病感染者の村に入ろうとしている。大きな池と丘陵が見えるわ。この村は石灰石質の丘陵に囲まれているの。今、村に入るところよ。

D：困難な旅路でしたか？

A：長くてとても暖かい旅だったけれど、何も問題は起こらなかったので、そこまで困難ではなかったわ。

D：グループの人たちはあなたが本当は女の子だと知っていますか？

A：いいえ、男の子だと思われているわ。少年の格好をしているの。顔は少し女の子っぽいけれど、わたしの年齢ではどちらとも判別しにくいから。それに細身だから、男の子の変装がしやすいわ。

D：別の名前を名乗っているのですか？

A：ええと……どうだったかしら。（くすくす笑って）思いだした。名前のことは考えていなかったのよ、他に考えることがたくさんあったから。それで皆に紹介するとき、ナザレンは躊躇してから、わたしをナタナエルと紹介したの。ネイサンの愛称で呼ばれているわ。

D：ネイサンね。あなたのことは親戚だと紹介したのかしら？

A：いいえ、大切な友人の息子だと紹介されたわ。友人はこれが息子の進むべき道かどうか試させたいのだと。

D：とても慎重なやり方ですね。他の人たちはあなたについて何を知っているのかと思って訊いたのよ。ひとまず今はあなたのことをネイサン、つまりナタナエルとして扱うつもりなのですね。ところで村は丘陵に囲まれていると言っていましたね？

A：ええ、ちゃんと説明できるかしら。ここは石灰石質の丘陵が並んでいるけれど、それほど高さはないの。そのふもとにこの村があるのよ。池の源泉は多分、村のはずれにある大きな泉だと思う。小さな共同体よ。植物はあまり生えていなくて、一帯はかなり乾燥しているし、荒れ果てている。

D：他の村や町からはすごく離れているのかしら？

A：ええ。離れているからこの場所を選んだのよ。ここの人たちは粗末に扱われているから、比較的平和に暮らせる場所が必要だったの。

D：どうして粗末に扱われているのですか？

A：この病気は変形が生じるし、他の人たちに恐怖心を与えるの。だから普通の人は彼らに冷たいし、彼らに目を向けることさえないわ、とくに重症化した場合は。人々はこの病気の感染を恐れながら暮らしているの。

D：この病気にかかった人に会ったことはありますか？

A：いいえ。でもわたしは自分がいるべき場所にいると感じているから恐れは感じていない。それに内なる声と祈りがわたしに力を与え、自分が奉仕することになっていると知らせてくれたから。自分が身体的であれ心理的であれ癒やしの手助けをしていると考えると、力がわいてくるわ。

D：イエスがそこに入るのをためらわないということも、力を与えてくれるのでしょうね。

A：ええ。たとえわたしに恐れがあったとしても、彼の恐れ知らずなところがわたしの恐れをも消してくれるの。

D：何人かの仲間がいるって言っていましたね？

A：ええ。数えてみるわね。全部で……十二人よ。

D：全員、男性？

A：年上の女性が二人いるわ。この二人は癒やしの知識があるみたい。彼と他の旅にも出たことがあるから。彼がこの村を訪ねるときは二人も来ることになっているのかもしれない。

D：彼は以前もこの村に来たことがあるのかしら？

A：ええ。彼は色々な場所を再訪するのよ。人々は彼の再訪を願いながら暮らしている。

D：そこにどのくらい滞在する予定か知っていますか？

A：多分、七日間だと思う。

D：彼がそこにいる間は、その人たちと一緒に暮らすのですか？

A：自分たち専用の野営を張るけれど、村の中によ。わたしは彼のそばにいることになっていて、医者からも教えを受けるの。そこで観察したり、アシスタントをしたり。

D：ということは、一行の中に医者がいるのね？

A：ええ。さっき話した女性たちは出産の手伝いもしたと聞いたわ。彼女たちは医者のアシスタントもしたことがあるから、その分野での知識もあるの。

D：男性のうちの誰かが医者だということですか？

A：今回、同行している人は正式な訓練を受けた医者ではないけれど。ナザレンが旅立つときに、喜んで同行してくれる医者が必ずいるわけではないから。グループの人たちは、らい病感染者に対応する知識があるし、医者のアシスタントをした経験もあるかもしれないから、旅を続けられるのよ。

D：ということは、彼が旅に出るとき、通常は医者を同行させるのですね。

A：ええ、手のあいている医者がいて、同行する意志があるのなら。

D：そうね、医者でも恐れることがあるのはわかるわ。では少し時間を進めて、何が起こっているか教えてくれますか？

A：（ため息）ええ。今は三人で小さな家に入るところよ。中にいる家族は年配男性とその妻、他にも二人いるみたい。年配男性は……（はっと息をのんで、ぞっとしたような声を漏らした）。まあ、なんてこと！

ナオミがこの病気の最悪の段階に陥った人を初めて目にしたのは明らかだった。

A：わたしは今とても強くなろうとしている……でも（小声で）難しいわ。彼は危篤状態にいる。今できるのは痛みを和らげることだけみたい。せめて身体からすぐに出て移行できるといいのだけれど……

D：その家に入ったのは三人でしたね？　そのうちの一人がイエスなのかしら？

A：ええ、あと一人はあの年上の女性よ。彼女は包帯や、痛みを緩和するために調合する色々な粉の入った袋を持っている。痛みは緩和できるけれど、この病気に打ち勝つためにできることは何もないみたい。ここに来てから、この病気の様々な段階の人たちを見てきたわ。たまに、これ以上は悪化しないかもと希望を持てることもあるけれど。ここの人たちは信仰心をもって生きるために最善を尽くし、お互いを助けているの。

D：その年配男性は重篤だから、痛み緩和だけでも試みるって言っていましたね？　女性がそれをするのですか？

A：ええ、でも彼女の主な仕事は包帯を巻いて、症状の重篤化を少しでも和らげることなの。ナザレンが祈り、両手を男性の上に置いているわ。そして……この男性の顔から光が放たれるのが目に見えるようだわ。ナザレンが彼の頭の上、頭頂部に両手を置いていて、わたしには輝く光が見える。今度は男性の胸の上に両手を置いた。彼はそのままで男性に静かに祈りを捧げている。彼の胸のあたりから放たれる黄金の輝きが見えるわ。（感情を昂ぶらせて）ああ！　言葉にできない。

D：どういうことですか？

A：美しいけれど、**それだけではない**の。胸がいっぱいになる。自分の内側の空虚な部分がすべて満たされる。それによって、すべてが温かく愛されていると感じるの。内側に空虚さがなくなる。言葉にするのが難しいけれど。

D：彼を見ているだけで、そんなふうに感じるのですか？

A：ええ、ええ。それにこの男性……表情が安らいでいるわ……痛みがずいぶん引いたみたい。この前ナザレンが……彼がわたしの手を取って、指でわたしの手のひらに円を描いたの（彼女は仕草でそう示した）。そしてこう言った。「これもハートなんだよ。手のひらの中心も。手のひらの中心にもう一つのハートチャクラがあるんだ」。だからあの手による癒やしには絶大な力があるんだわ、エネルギーがまっすぐに出てくるから。

D：彼は「チャクラ」という言葉を使ったのですか？

A：ハート……センター。ハート……チャクラ？　どちらだったかしら。

D：彼は**あなたの**手のことを話していたのですか？　それとも彼の手のこと？

A：**誰の手もそうだ**という意味で言ったのだと思うわ。彼はわたしの片手を取って……次にもう片方の手を取って言ったの。「この両手もハートセンターだ」（彼女はまた自分の両手のひらの中心に円を描いた）。

D：彼はあなたの手のひらに円を描いたのですか？

A：ええ。これも教えの一つだったのかも。いつもわたしはそこにエネルギーと力強さを感じていたから。彼がわたしに触れる度に、とても力強く感じる。だからその関係性を知って意識していれば、そして純粋にハートを通して行えば、エネルギーが直接つながるんだわ。ハートから放たれるエネルギーが、あらゆる薬の中で最も効果があるの。

D：そういうことは理解しない人がほとんどでしょうね？

A：ええ、でもわたしにとってはすごく自然なことに感じられる。

D：彼が言いたかったのは、体には心臓《ハート》だけではなく、他にもハートセンターがあるということですか？

A：彼はそう説明したわ。わたしはそう理解したけれど、そんな話をする人には他に会ったこともない。

D：彼の癒やし方もそれで説明がつくかもしれないですね。

A：この話を聞いたとき、すごく正しいと思えたの。理にかなっていた。そして彼を観察していると、すべてが腑に落ちたの。それにこの人たちを見れば、これが癒やしの手段だとわかるわ。この気の毒な男性は絶望的な痛みに苦しんでいたのに、今は表情がとても安らいでいるんですもの。

D：部屋にいる他の人たちも、あなたが感じていることを同じように感じているかしら？

A：わからない。彼らも何かを感じているはずだけれど……静けさが別次元だから。彼らもエネルギーを感じているはずだわ。彼からあふれ出る愛と思いやりに気づいているだけかもしれないけれど。

D：彼を見た人なら誰でも、彼が普通の人ではないことがわかるでしょうね。

A：ええ。彼はとても鋭敏に**気づいている**の。そして彼の……（言葉を探している）神の結びつき、つまり内なる神、神の目的と同調しているのよ。うまく表す言葉が見つからないわ。彼にとってはとても明らかで簡単なことに、多分ほとんどの人は気づきさえしないのだと思う。

D：彼は他の人たちと違うと思いますか？

A：彼の感受性、理解力、それに恐れがないという点で人と違うわ。彼は自分の立場と義務を**はっきりと**確信している。

D：彼が他の人たちと違うのではないかと誰かが言うのを聞いたことがありますか？

A：ええ。彼を何か神のような存在だと考えている人たちもいるわ。彼にはわたしが見たこともないようなパワーと能力があるから。彼が生身の人間であることはわかっているけれど、わたしには彼のスピリットとエネルギーが別格のものだとわかる。

D：彼のことを神のようだと考えている人たちがいるのですか？

A：ええ。彼のすることを見ていると、そう考えるしか説明のしようがないから。それでも彼は、わたしたちの誰もが彼のようになれる、彼がしていることをできるようになれると懸命に説明するの。ただわたしは、ほとんどの人が心の純粋さ、純粋な願いを見つけられないのだと思う。彼と同じ道を歩むこと、そして大抵の人が気を取られるような事柄に気を取られずにいることは、とても難しいから。

D：そうですね。人間的な生活を送りながら純粋なままでいるのはとても困難ですから。そういった点で彼は人と違うのでしょうね。

A：そういった点で彼は**誰にも似ていない**の。

D：彼のことを神のようだと話す人たちについて、彼はどう思っているのかしら？

A：（笑って）彼はその考えを受け入れないのよ。ああ、彼が言っていたことを思いだしたわ――たしか、こんなことを言ったの。「兄弟よ、わたしはあなたがたと違わない。わたしはただ、自分が何になれるかを、そしてどのように奉仕できるかを理解しているだけだ。そしてわたしには真実の愛と神への信仰がある」。彼は自分の目的を明確にしようとしているの。

D：彼は自分の目的を何だと思っているのですか？

A：彼は人生の師になるために、そして生命の光になるためにここへ送られてきたと考えているわ。人類が**どうなれるか**を、そして人類が与えられたギフトを身をもって示すために。彼が人々に教えようとしていることを、本当に実現できるのだと知らせるために。

D：わたしにはよくわかるけれど、人によっては彼の話が響かないでしょうね。

A：ええ。それにほとんどの人は**何かを**、あるいは**多くを**恐れながら生きているの。その恐れを払いのけ、自らを知って自らのハートに耳を傾けることができるようになるまで、彼の話は心に届かないわ。彼らは自分自身でそれを知る必要があるの。

D：そうね、よくわかるわ。（わたしは彼女が見ている場面に話を戻した）それで、彼はその部屋にいる男性に働きかけ、男性はもう痛みに苦しんでいないのですね。彼はその家で他に何かしましたか？

A：いいえ。彼は少しの間、男性のそばにいて、次に妻のほうへ行ってその手を握ったわ。彼女に何を言ったのかは聞こえなかったけれど、また戻ってくるからと。そして次の家に行こうとしている。

D：あなたもついて行くのですか？

A：ええ、わたしたちは……ああ、とても悲しい。次に向かった場所には家族や両親がいない子どもたちが住んでいる。この子たちの全員が病気というわけではなさそうだわ。らい病に感染しているかどうかもわからない。この病気にはたくさんの段階があって、年齢によっても進行度が変わってくるから。何人かはすごく健康そうに見えるけれど、何人かは……病気に蝕まれている（深いため息）。ここは子どもたちの家なの。

D：その子たち、親のいない子たちは一緒に暮らしているのですか？

A：ええ。常時ついている看護師というか、世話人が一人いるわ。他には、日中に世話をしにくる人たちが何人かいるの。

D：彼はそこで何をするのですか？

A：彼は一人ひとりのところに行って……話しかけたり……。彼はいつも触れるのよ。慈しみをこめて微笑みながら顔に触れ、彼らに両手を当てるの。でも一人ひとりに時間をかけて話しかけるわ。

D：彼が何を言っているか聞こえますか？

A：あら、隅っこに小さな女の子が座っている……彼がその子の名前を尋ねて……（大きな笑顔で）彼女が彼の膝の上に乗ったわ。自分が治るのか死ぬのか、彼に訊いている。彼が答えているわ、よくなって、大人になったら子どもたちの世話を手伝うんだよ、と。心に絶望ではなく純粋さを、愛をもちなさい、あなたは神があなたを必要とする場所にいるのだから、と。そうすれば愛がわかるだろうと……彼女にそう言い聞かせているわ（美しい感情のこもった口調だった）。

D：とても美しいわね。その小さな女の子はどう反応をしていますか？

A：その子は座ったまま彼を見つめている。彼が彼女を抱きしめて下におろした。彼女が笑っている。今度は男の子のほうに行ったわ。片脚しかない男の子。ああ、すごく重症化している（大きく息をつく）。でもイエスがその子の前で膝をつき、彼に両手を置いたわ。その子が顔をあげると、涙が頬を伝った（彼女も話しながら泣きそうだった）。でもその子は何か特別なものに気づいたみたい。それがわかるわ。

わたしは客観視を保つのが難しかった。彼女の話があまりにも感動的だったため、わたしはその心情を目の当たりにして、まるで本当にその場にいるような気がした。

D：今度も何か見えましたか？　あの光のことを思いだしたんだけど。

A：ええ、見たわ……わたしにはいつもあの光が見えるみたい。前回よりしっかり見えたわけではないけれど。あの年配の男性にはどこか強い何かがあったから。でもナザレンが誰かに両手を置くときは、その手から放たれる小さな輝きが必ず見えるの。今は彼が男の子の頭、ハート、脚に触れたときに輝きが見えたわ。それに、ナザレンの頭の周囲にあの光、**黄金の輝き**も見える……小さな半円を描くような輝きよ。

D：それはいつも見えるのですか？

A：いいえ、いつもではない。彼が誰かといるときや、彼がわたしを見つめているときに見えることがあるの。でもいつもそこに輝きがあるわけではないわ。

D：彼がその小さな男の子に手を置いたとき、何か起こりましたか？

A：ええ、男の子は楽になったわ。彼が触れると相手はいつも楽になるみたい。わたしにはそう見える。

D：彼がそうすると毎回、奇跡が起こるというわけではないのですね？　あなたにとって奇跡とはどういうものですか？

A：痛みが和らいで、彼らが安らかになれば、わたしはそれを「奇跡」と考えるわ。でもこれほど重篤化している人たちが立って歩きまわったり、もとの体に戻ったりするのを見ることはない。奇跡とは愛のことで、その愛が彼らを安らかにすることなの。彼らが快方に向かう運命にあるのなら、そうなるでしょう。そうした人たちの中にはこの病気が発症しない人もいると聞いたこともあるわ。病気の進行が止まることもあるけれど、その理由はわからない。でも通常は進行するし、彼らにしてあげられるのは、その痛みを和らげることだけなの。

D：では、奇跡は人によって起こる形が違うということですね。

A：ええ。それに彼のエネルギーを受けたとき……信仰心が篤かったり、彼から放たれるものを強く感じたりする人たちのほうが、安らかに移行できるのかもしれない。でも彼は言っていたわ、源《ソース》に戻るときが誰にでも訪れるのだと。彼らは少しの間この肉体に留まるかもしれないけれど、時期はわかりにくいの。

D：よくわかるわ。なぜ彼らがこのような苦しみを受けるのか、彼はどう説明するかしら？

A：それは個々の進化の一環だと彼は信じているわ。これほど痛みに苦しみ、蝕まれている人たちを見ると説明するのは難しいけれど。でも彼はすべてに理由があって、すべてから学びがあること、偶然に起こることは何もないことを知っている。彼らはこの学びを過去世で作ったのかもしれない。つまり別の形でこの地に生きたときに。だからこそ、痛みや病気を抱えている人たちは他の人たちよりも早く去ることを許される場合があるの。学びが終わったから。

D：人間は他の形で生きたことがあると彼は考えているのですか？

A：**はっきりと**そう言うわけではないけれど、「彼らが以前この地にいたとき。**前回の**学びを終えたとき」といった言い方をするわ。色々な表現で言うの。でもわたしたちが一度ならずこの地に来ること、それは学んで奉仕するためだということを彼は信じている。それにわたしたちがここに来る度に神の使命を携えていることも。それは学びを深め、わたしたちが人としているべき境地に近づくためなのよ。だからそこに分離はないの。

D：それはあなたの宗教が教えていることと同じ内容かしら？

A：いいえ。彼から聞いたような話は、これまでに聞いたことがないわ。それなのに彼の話を聞くと、とても明らかで正しくて懐かしく思えるの。彼は色々な場所で何人もの賢明な師のもとで学んだから、遥かに多くのことを理解しているのよ。

D：ええ、普通のラビ以上の知識を得ているのですね。

A：そうなの、彼らは新しいことは何も聞きたがらない。だから彼は自分の道を歩み、自分の信じることを説いているのよ。

D：それも彼が神殿の人たちに常には同意できない理由の一つかもしれませんね。

A：ええ。彼の教えはラビたちを悩ませ、自分たちの信念が揺さぶられるのではないかと不安を与えるの。彼らの権力や権威が疑問視されるのではないかという不安を。それに彼は権力や横暴さをかざさずに教えることができるから。だからわたしは、恐れには色々な種類があって、自分に恐れがあると真実を、つまり光をはっきり見たり感じたりすることができなくなるのだと学んだわ。恐れは一枚ずつ剥がしていかないといけないの。そうするためには、いくつもの人生が必要になるのかもしれない。

D：ではラビたちが彼を恐れるのも頷けますね。普通の人ならラビの権威に異論を唱えたりしないでしょう？

A：ええ、普通は「これが真実だ。これが律法であり、それを疑問視したりそれに異論を唱えたりするものではない」と教わって育つから。

D：彼らに異論を唱えるなんて、イエスは普通ではないと思われているのでしょうね。

A：ええ。全員ではないけれど、ほとんどがそう思っているわ。賢明で親切な人たちもいるけれど。その人たちも彼の味方をするわけではないけれど、反対はしないわ。

わたしは彼女が見ている場面に話を戻した。

D：彼は子どもたちの家で他に何かしましたか？

A：ああ、今は訪問しているだけよ。あとで子どもたちは外に出て泉のほとりで彼を囲むことになっているの。歩ける子たちは彼と散歩できるかもしれないわ。

D：それは良かったわね。その日は他に何かしましたか？

A：ええと、あの年上の女性の仕事についていって、包帯を巻いたり粉薬を調合したりするのを手伝ったわ。掃除をして患者たちが快適にしていられるように手伝っただけよ。

D：では、ずっとイエスと一緒にいたわけではないのですね。他にもするべきことがあるものね。話を聞いていると、あなたが望んでいたことをしているようだけれど、彼についてきて良かったと思っていますか？　後悔は？

A：あら！　とても良かったと思っているわ。これがわたしのすべきことだもの。このことには確信があるの。他に何かをしたいという願望はないわ。前にも言ったけれど、もし両親の家に留まって結婚し、家族を持つことになっていたら、たくさんの人を失望させたと思う。自分のハートと直感に背けば、それがやがては訴えてくるから。そうなれば、それに直面せざるをえなくなるし、誰もが苦しむことになる。だから最初は少し痛みを伴うかもしれないけれど、正直に生きたほうがいいの。自分の真実を、そしているべき居場所を知っていれば、必ず最善がもたらされるのよ。

D：あまり世間に出たことのない女の子がそれほど深刻な病を抱えている人たちを目の当たりにするのはつらいだろうと思ったのよ。

A：たしかにつらいわ。想像を遥かに超えていたから。でも必要とされ、役立っているという抑えがたい感覚があるの。それに与えることで、受け取るのと同じくらい満たされるのよ。他には何もいらない。

D：それを聞いて良かったわ。そこの状況を見れば、大抵の女の子は家に帰りたくなるでしょうから。

A：ええ、でもわたしはもっと手を差し伸べたい。自分にできる限り、彼らの痛みを和らげたい。

D：感心するわ。

A：感心するようなことではないの。どう説明すればいいのかわからないけれど。この人生で他に何かをすることができなかっただけよ。**わたし自身がこうすることを**必要としているの。彼らがわたしの手助けを必要としているように、わたしもこれを必要としているの。他にわたしを満たしてくれることなどないから。

D：そうね。では日時を進めて、その村にいる間に何か他に話したい出来事があったか見てみましょう。話しておきたい出来事やイエスの行動など、何かありますか？

A：泉のほとりに集まって楽しいときを過ごした場面が見える。とても気持ちのいい日で、村の人たちの多くが彼と外に出てきているわ。彼が両手をあげて立ち、話している。そして小さなコップに水をくんで……そこに座っている女性の一人にわたした。彼女がその水を飲む。彼が彼女の頭上に両手を置いて言った。「姉妹よ、神の栄光があなたに注がれている。このエネルギーがあなたに流れ、あなたは力を得て、この病気を手放すだろう。今とは違う立場で必要とされているから」。その女性が恍惚状態にあるのが見えるわ……涼しいそよ風が吹いている……時間が流れているのがわかる。彼が彼女の前に座り、こんなふうに両手をあげるのが見える（彼女は手のひらを外に向けるようにして両手をあげた）。彼のハートと頭の周りにあの輝きが見える。彼の両手、手のひらの中心にも。彼女が目を開ける。彼女はどこか違って見えるわ、先ほどより落ち着いているみたい……それに泣いているわ。彼女が彼の手を取ってキスをし、感謝している。自分に変化が起こったことを知っているんだわ。自分に訴えかける声を聞いたと言っている。彼女の居場所はこの村で、彼女を必要としている人たちを癒やして慰めるために医師として訓練を受けることになっていることが自分にはわかっている、と。

D：彼女は病気が治ったのかしら？

A：彼女が違って見えることは自信をもって言えるわ。彼女の様子が何か目に見えて違うの。落ち着いた表情をしている。別の種類の輝きがある。変化が起こったけれど、どのような変化かはわからない。彼女の両脚が冒されていたのはわかっているけれど、彼女の内面がどれだけひどく冒されていたかはわからない。いつかわかるわ。でも彼女は生まれ変わった。

D：病気の徴候が目に見えて変わったのかしら？

A：彼女の両脚が冒されていて、歩行困難だったのを覚えているわ。でも彼女が立ち上がったり動いたりするのは見ていない。今はただ同じ場所に座って彼の両手にキスをし、涙を流している。愛と喜びの涙よ。でも顔が、表情が違う。何かが確実に変わったんだわ。身体的変化のほうがゆっくり起こる場合があるのだと思う……身体的変化が必ずすぐに起こるとは限らない。すぐに起こった変化は、彼女の別人のような表情よ。すごく穏やかな表情をして、輝いている。

D：身体的変化は時間をかけてゆっくり起こるのかもしれないですね。

A：そういったことが起こると聞いたことがあるわ。それが彼女にも起こればいいんだけれど。

D：彼はただ痛みを取り除くだけではない場合もあるということですね。様々な形で働きかけるということかしら。

A：ええ。誰もが独自の目的、計画をもっていると彼は言うの。ここの人たちは生きていくために他者の力を必要としているわ。自分たちのこの村で、人が自分を取り戻して他者の助けになれる姿を目の当たりにしたら、そのこと自体が他者への癒やしにもなるの。

D：たしかにそうですね。彼には他者の進む道が見えるのかしら？

A：彼には見えるときもあるし、彼が他者に触れると、はっきりとしたイメージが見えたり、明瞭な考えが降りてきたりするのだと思う。そうして彼は、他者がどうすべき運命にあるのかすぐに察知するの。明晰性が訪れるのよ。

D：ではこの女性が他のことをすべき運命にあると彼にはわかったということですね。

A：ええ。こういうことが常に起こるわけではないけれど。何かが起こっても、その人の近況を聞かされない場合もあるし。そこには予定などなくて、それぞれのタイミングで起こるから。決まったパターンはないのよ。

D：では今回もあなたたちが村を出てから何かが起こるかもしれないし、あなたたちはその後を知る機会がない場合もある、そういうことでしょうね。では、あなたが村にいる間に起こった別の出来事まで時間を進めましょう。他に気になることは起こりましたか？

A：（沈黙）そうね、あれは特別な出来事だったから。でも……思いだした！　彼が包帯と粉薬を手にして、頬がこそげ落ちた男性の顔に処置するのを見たわ。彼はそうしてから両手をそこに置いて祈った。翌日、男性の様子を見に訪ねたら、変化が……（息をつく）とても現実とは思えないから、話すのが難しい。（畏怖して）頬が……もとに戻ったみたいなの。病気が消えたわけではないけれど、あの女性たちが粉薬を使ったときには、あんなふうな効果は見たことがなかった。もちろん効果はいつもあるけれど、それは痛みを和らげるもので――とくに感染の度合いがひどい場合は、大きな変化が起こることもあるわ。でもこの男性は痛がらずに口を動かし、飲みものを飲んでいた。それに……あの女性みたいに表情が変わっている。ナザレンにはわかるのかもしれない……明瞭な考えやイメージが降りてくるのかも。たとえ病という道が決まっていたとしても、この男性がすでに霊的に大きな進化を遂げたことをナザレンは知っていたのかも。男性のハートのエネルギーがなんらかの形でナザレンのものと繋がって、その結びつきがあまりにも強くて身体に影響を及ぼしたのかもしれないわ。病気はまだ治っていないけれど、この男性の顔がもとに戻ったのよ。まるで生まれ変わったみたいに別人のような顔をしている。口を動かして使えるようになっている。しかも痛がらずに。これは大きな奇跡だわ。すべてが奇跡なの。どんなことでも奇跡になりうるのかもしれない。

D：毎回、同じように起こるわけではないのですね。

A：ええ。それに怖くなる――ああ、怖いというと語弊があるわ。でも目撃したことを人に話すと、現実味が薄れるの。だから胸のうちに留めておくと安心だし、見たままを胸に秘めておくことができるわ。

D：信じがたいことですからね。

A：でもあれは……とても**特別な**ことだった。

D：彼に出会った人は皆、癒やしが起こるのかしら、それともまったく何も起こらない人もいるのかしら？

A：誰もが安らぐと思うわ。安らぎが必ず長続きするわけではないけれど。でも彼が訪れて触れると、相手の痛みが和らぐのがわかる。病気が消えるのは稀だけれど、たとえ短い時間でも彼らは必ず安らいだ気分になるの。

D：まったく何も起こらなかった人もいるのかしら。

A：ああ、いるかもしれないけれど、わたしは見たことがないわ。彼がこの人たちに両手を置いて話しかけるのを何度も見てきたもの。たとえ短い時間しか持続しないとしても、それが癒やしになっていた。

D：では、誰もがそれぞれのレベルで助けられるというわけですね。予定どおりその村には七日間滞在したのですか？

A：ええ、七日間いたわ。

D：その後は？

A：また別の村に向かっているの。

D：家には戻らないのですか？

A：ええ、今回の旅は七日間の滞在があと三回あるはずよ。彼には滞在予定の地域がいくつかあるの。

D：次の場所では何があるのか知っていますか？

A：彼の信奉者がたくさんいる村よ。村の人たちが彼の来訪を依頼し、その教えを聞きたいと言っているの。

D：とても遠いのかしら？

A：そうね……二日かかるわ。

D：あなたたち一行のなかで、名前を知っている男性はいますか？

A：ええ。ヨハネとエゼキエル、エレミアに……ダビデ（考えて間を置く）。それくらいかしら。

D：一行に加わったから、何人か名前を知っているかと思ったの。女性たちの役割は話してくれましたね。他の男性たちは何をしていたのですか？

A：ええと……彼らの多くとは接触がなかったの。修理や建造をする人たちもいたし、律法書の書士［訳注：モーセ五書を羊皮紙に羽ペンで書き写す人］や教師もいるのかもしれない。まったく接触がなかった人たちもいるし、見かけることさえなかった人もいるわ。だから……それぞれに特別な務めがあって、それぞれの形で助けていたのだと思う。単独行動で祈りや学習をする人もいるし、彼らと常に会っているわけではないから。
D：それもそうですね、全員が病気の村では色々な形で手助けが必要でしょうから。修理もできないでしょうし、男性たちはその方面で助けられますね。それに教師もいるのなら、村の別の場所で教えていたのかもしれないですね。

この話はとても現実的だと思われた。イエスや弟子たちに関する聖書物語の解釈からは、弟子たちがイエスについてまわって彼の教えを聞き、そこから学ぼうとしていたという印象を受ける。しかしわたしは、彼女の話のほうが実際に起こっていたことのように思われる。イエスが様々な技能をもった者たちを従えていたというのは常識的な判断だろう。そうすることで、出会う人たちに実際的な形で援助ができる。そもそも彼らは困難あふれる現実世界に生きていたのだ。それにこの話は、イエスが立て続けに奇跡を起こせると期待していなかったことを示している。彼は（男女を問わず）医師を従え、彼らは独自の治療薬や粉薬を使っていた。イエスは自分の力だけを頼りにしていたわけではないのだ。聖書が描くイエスは全能で、他の者を必要としていない。しかし、イエスはわたしたちが評価してきたよりも遥かに人間らしい人物だったのだと思う。彼が他に誰も必要としなかったのなら、建物でさえ奇跡的に修理できたはずだ。弟子や信奉者たちは自分たちにできる形で手助けをしていた。彼らは自分たちの師がその業を成すのを、ただ座ってぼんやり眺めていたわけではないのだ。

D：イエスは様々な技能をもった人たちを旅に連れていたようですね。

A：ええ。通常は彼らのほうが彼を捜してくるのだけれど。彼らの多くは、自分にできる形で奉仕して与えるべきだと感じているわ。だから彼らはいつもちょうどいいタイミングで必要な場所に現れるようなの。そうして彼は必要とする人たちを従えることになるのよ。

D：ヨハネには特別な務めがあるのかしら？

A：ヨハネはイエスととても親しいみたいで、イエスの目となり耳となっているようだわ。ヨハネはイエスと会う必要がある人たちとの会合を取りまとめたり、様々な活動や集会の多くを手配しているの。

D：一行を先導して、色々な手はずを整えるということですか？

A：旅の種類にもよるけれど、そうした役割を担当することがあるわ。でも目的地に着いたら、彼が予定を組んで、段取りを整え、ナザレンが知るべきことがあれば着実に知らせるのよ。

D：では、誰かが会合や集会を望めば、ヨハネに連絡がいくということですね。

これも聖書には記されていない実務的な方法だった。ヨハネは広報係のような存在だった。イエスはあてもなく村から村へと渡り歩くわけにはいかなかった。つまり先導してすべての手はずを整え、万事が安全かを確かめる誰かが必要だったのだ。

D：今向かっている村には彼の他の信奉者がいるそうだけれど、村には名前がありますか？
　誰かが口にするのを聞いたことは？

A：その村は……「バルエル」って聞こえたわ（彼女はその名を繰り返し、わたしも復唱した）。

D：そこに二日後に到着するのですね。今回はまた違う種類の旅で、そこには病気の人たちは多くないということですね。彼はあなたに一番ひどい状況を一番先に見せることにしたわけですね？

A：ええ。それで構わなかったのだけれど。

D：彼がそうした背景には、あなたがそれを受け入れられなければ、すぐにわかるだろうという賢明な考えがあったのでしょうね（二人で笑う）。また今度お話しさせてくれるかしら？　あなたの旅の話を聞くのはとても興味深いから、一緒に学べると嬉しいわ。

A：わたしもよ。

D：それにその男性のこともできるだけ詳しく知りたいから、あなたの話を聞けてとても助かるわ。

そうしてわたしはアンナを覚醒状態に戻した。そしてテープレコーダーをオンにしたまま、彼女が覚えているセッションの内容を記録した。

A：病気が治らなかった人たち、快方に向かわなかった人たちが、治癒した人たちに何の怒りも感じていなかったことを思いだしているの。今もまだその記憶が鮮明で、そのことに対して強く感情が昂ぶっているわ。

D：そこには妬みがなかったのですね？

A：ええ。どういうわけかその考えがふと浮かんだ。だって妬みがないなんて普通ではないように思うから。

D：ええ、でもすべてが普通ではなかったわね！（笑う）

A：多分、彼と出会った人たち**全員が**あの**安らぎ**を、つまり満たされた感覚を知ったというだけで充分だったのかも……たとえそれが短い時間しか持続しなくても。それにその感覚を得られただけで、自分の仲間を思って充分な喜びを感じられたのかもしれないわ。その喜びが、そこに生じうるいかなる妬みも拭い去ったのね。

D：彼の業はすべて人間の摂理に反しているわね。

A：今回のセッションをこれまでのセッションと比べているの。同じセッションなのに、今回は……とても引きこまれて感情を揺さぶられる経験だった。今回の記憶は部分的にでも残るかもしれない。どの退行催眠も何らかの学びを与えてくれたけれど、今回のはとても鮮明に感じたから、すごく気分がいいわ。何て言うか、彼がとても現実的だったの。それにね、あの目を見つめたとき――今でもその感覚が残っているわ――完全に満たされた。あんな感覚、あれほど完全な充足感と愛を感じるのは初めてだった。わたしの中にはずっと空虚なところがあったのに、それが消えたの。

D：今も消えたまま？

A：そうね、セッション中は消えていたけれど、今生では消えていないわ。でも……ずっと付きまとってくるような空虚なところがあったの。でも彼のそばで彼の目を見つめたとき、初めて感じるような、完全に感情を揺さぶられる感覚があった。

アンナは別の表現を用いて、メアリーが感じたものと本質的には同じ感情を話していた。これは明らかにイエスが他者に及ぼす素晴らしい影響力だった。

A：退行中はそこにいるのがとても自然だけれど、目を覚ましてしまえばそのことは考えもしないのよ。なんだかとても感情が昂ぶっているけれど、すごく浄化されているわ。とてもリラックスした気分よ。

D：それ以上にいい気分は望めないでしょうね。

今回のセッションで明らかになった非常に興味深いポイントは、イエスが出会った人たち全員を癒やしたわけではないという事実だった。そのことは『イエスとエッセネ派』でも描写されている。彼は出会った大半の人たちの痛みや苦しみを和らげることはできたが、症状の完全緩和や病気や障がいからの完全回復は珍しかったのだ。治癒が得られないことは何度もあったが、それがイエスの思いどおりになるわけではないことをナオミは断言していた。それは個々のカルマと運命に関係しているからだ。そうしたことを左右する高次の力に反することは、彼にもできなかったのだ。

第8章

ガリラヤ湖の村

翌週のセッションでは、アンナ（ナオミ）をイエスと旅している時点に戻した。

D：では、ナザレン一行とらい病感染者の村を出たときに戻りましょう。彼との初めての旅のことです。あなたたちは別の村に向かうところで、そこで彼は他の信奉者たちと会うことになっていますね。三つ数えたらそこに着きます。一、二、三……ナザレンとの旅で二つ目の村に入ろうとしています。今は何をしていますか？

A：湖畔の村に入るところよ。「ケネレット湖」（発音どおり）に面していて、そこで彼の教え、つまりこの生き方を信じる信奉者たちとの集会があるの。わたしが聞いた話では、ここでの主な滞在目的は教えを広めて結束を固めることだそうよ。

わたしは湖の名前を発音どおりに書きとめた。のちに聖書の裏表紙にある地図を確認すると、

「キネレット湖」（別名「ゲネサレト湖」「キネレト湖」とも呼ばれる）を見つけた。書きとめた綴りに近い。わたしはこれを注目すべきことだと思った。なぜなら、「キネレット湖」はガリラヤ湖のユダヤ名だったからだ。わたしはガリラヤ湖の他の名称など知らなかった。調べてみると、ヘブライ語およびアラム語の"yam"は「海」および「湖」を意味するとのことで、聖書のギリシア語訳ではこれに倣ったという。

アンナは、セッション中に自分の潜在意識から出てくる不思議な情報の信憑性について疑いを抱いていた。わたしが調査で知ったことを伝えると、彼女は「キネレット湖」という名前に聞き覚えがなかった。「ガリラヤ湖」の古い名称だと伝えると、彼女は不思議そうな表情で「ガリラヤ湖って何?」と訊いた。予想外の返事だった。わたしはその質問の重要性に気づき、一瞬呆然とした。キリスト教信者なら誰でも聖書に出てくるこの地名を知っている。この地名はイエスの生涯と関わりがあるからだ。これは、アンナがイエスの生涯や新約聖書について基礎レベルの知識さえ持ち合わせていないことを歴然と示していた。わたしの説明を聞くと、彼女は気分が楽になった。自分の頭がこの情報を生みだしたわけではないことを納得させてくれる証拠に思えたからだ。

D：町の人々は大半が信奉者なのですか？　それとも、ここでも人目につかないようにする必要があるのかしら？

A：かなり大きいグループがいるわ。目立たないようにする必要はあるけれど、安全だと感じる。小さな町で、住民たちは考え方がよく似ている。だから安全だと感じるの。

D：公然と集会を開いても身の危険はないというわけですね？

A：ええ、ここの人たちには理解があるようだから。見かけは小さな町だけれど、教えについてはすごく用心している。

D：町の名前は聞いたことがありますか？　そもそも名前はあるかしら？

A：ケネレット湖の村よ。

D：それ以外の名前は知らないのですね？　町中のどこか決まった場所に向かっているのですか？

A：ええ、湖のほとりに。まずそこに行って湖で自分を浄めるのよ。この浄めは肉体とスピリットの両方に必要なの。岸辺の一部がとてもこじんまりとした絶壁になっていて、その中にいくつかの集会部屋があるの。正面の外観は見せかけになっているから、誰もが知る場所ではないのよ。そこで集会をすることになっているけれど、滞在先は湖の岸辺になるみたい。

わたしは後日、このガリラヤ湖畔のエリアに関して調べてみた。山や絶壁が実質上、湖の端にまで及んでいる場所がたくさんある。この特徴はとりわけマグダラ（マグダラのマリアの故郷）に顕著だった。そこの岸辺の道は急な山の斜面に沿って曲がっている。アルベル山エリアにはいくつもの洞窟があり、イエスの時代、そこが罪人や政治亡命者の隠れ場所となっていたという歴史がある。そのうちのいくつかは天然の洞窟で、亡命者をかくまうために拡大されたものもあった。絶壁の上方に位置する洞窟もあり、それらは兵士には発見しがたいものだった。

イエスの時代、ガリラヤ地方は地上で最も肥沃な農耕地の一つであった。紀元六八〇年まで、ガリラヤ地方は大森林を有していた。しかし、かつて歴史家ヨセフスが称賛した果樹も今や惨めな残骸物と化している。大森林も大部分は消えうせ、その多くが砂漠状態に転じてしまった。イエスの時代のガリラヤ湖周辺の渓谷は、暑く陰鬱な気候だった。山々が海風を遮っていたからだ。冬になると丘陵にも岸辺にも緑が見られたが、長い夏の間は気が滅入るほどの乾燥がすべてに広がっていた。

エルサレムからガリラヤ湖までの旅は徒歩で三日ほどだったと実証されている。灼熱にさらされる夏は渓谷を避けていた。旅は通常、気候が暖かい冬から初春に限られ、戸外で眠ることも可能だった。政府の監視など様々な理由により町中で人目を避けたい人物にとっては、季節を問わずヨルダン渓谷が望ましいルートだったのかもしれない。

聖書によると、ガリラヤ地方のカナという町はイエスが好んで訪れた場所の一つだ。反乱を計画中で、大きな町には強敵がいるためいかなる場所も永住地にできない者にとって、カナは拠点として適していたと歴史家は考えている。これもイエスが各地をわたり歩いた理由の一つだろう。そこの安全を確信できない限り、どこであれ長く滞在するのは危険だったのだ。

イエスの偉業の噂がガリラヤ地方を超えて、パレスチナ全域にまたたく間に広まった。ガリラヤはパレスチナのあらゆる地域と密接に繋がっていたため、あっという間にイエスに関する情報がパレスチナの隅々にまで届いたのだ。そのようなわけで、エルサレムの権力者たちもこの反体制的な活動を逐次把握していたが、イエスが大きな町から離れた場所にいる限りは手出しをする必要などないと感じていた。少なくとも、彼が反乱を目論んでいるとはっきりするまでは放置で構わないと感じていたのだ。

このエリアには歴史に記録されていない小さな町や村が文字どおり何百と存在していたと調査が明らかにしている——少なくとも、それらの町村の名称は現代には伝えられていない。聖書には言及されていない大きな町がイエスの時代には数多く存在していたので、それらより小さな町が視界からも記録からも消えていたとしても驚くべきではない。ヨルダン渓谷とガリラヤ湖の歴史的な記述は、ナオミによる各地の描写と正確に一致するようだ。

D：誰かの家に行くのだと思っていたわ。

A：安全のためには、その集会部屋のほうが最善だと判断したのだと思う。少人数なら誰かの家でもいいのだけれど、ここのグループは大きいから。
D：ヨハネが先に行って段取りを整えたのですね？
A：そうよ。各旅でどこに向かうかは、出発前にみんな大体わかっているんじゃないかしら。その時々の優先順位によって、たまに旅程からそれることもあるけれど。でも普段はヨハネが準備をしているので、予定は可能な限り滞りなく安全にこなされるのよ。
D：では、その絶壁内にある部屋の一つで集会が行われるということですね。集会はいつ開かれるのですか？
A：明日の早朝だと思うわ。今晩は休むことにして、夜明けに集まることになっているの。
D：食糧調達は大変ですか？
A：いいえ。食糧をいただくこともあるし、自分たちでも常備しているから。極力、人の負担にはならないようにしているの。食糧や宿といった形で好意としていただけるものは受け取るけれど、人の世話にならずにやっていけるわ。
D：では集会が開かれる朝まで時間を進めましょうか。何が起こっていますか？
A：その部屋に案内されているところよ。町の人が、その絶壁の正面側を岩や木で覆ってくれたからとても見事に隠れているわ。そこは奥まで広がっていて、床にはわらで編んだ敷物が敷いてあるし、蝋燭の明かりもある。それに……木製の椅子やテーブルもあるわ。かなりの人数が集まっている。見たところ、四十人くらいかしら。良かったわ、男性も女性もいる。

D：それだけの人数がいても窮屈ではないのですか？

A：ええ、大きな部屋になっているから。入り口からはわからないけれど……入ると広いわ。色々な材質の支柱で補強してあるから安全よ。小さな通路や、脇にこじんまりとした部屋もいくつかあるみたい。

D：天然の洞窟みたいなところかしら？

A：ええ。堆積した土を取り除いたようね。ここには天然の……空間があったの。それにもとからある小さな通路……奥にもっと小さい部屋がいくつかあるみたい。

D：窓はないでしょうけれど、蝋燭の明かりがあるのですね。

A：そうよ。

D：それで、彼の話を聞きにきた人たちが集まっているのですね。今は何が起こっていますか？　何か儀式のようなものがあるのかしら？

A：この集会の主催者がナザレンの身辺状況を心配しているわ。彼の教えが各地に広がっていると使者から連絡が入ってくるから。政府が……**神経を尖らせている**の。

D：彼の高い評判が気に入らないのですね？

A：ええ。もしくは、民衆が自分の頭で考えて、自分で道を選ぶことが気に食わないのかも。彼のことを嫌っている人たちが神殿にも政府にもいるの。だからここの人たちは彼のことが心配だと話していて、彼の教えをどのように伝えようか相談している。でも彼が立って話し始めたわ。恐れる必要はない、自分は神に導かれた道、心からの道を歩んでいるのだから、と。「わたしは何も恐れていない。不安があるとすれば、それは自分が生きている間に必要な人に教え、手を差し伸べることができないかもしれないことだ」

彼女はまるで彼が話す言葉をそのまま途切れ途切れにわたしに伝えているかのように、ゆっくりと話した。

D：では彼はそうした噂も、彼に反発する人たちのことも恐れてはいないのですね？

A：ええ。彼は自分が神と共に歩んでいることを知っているから、人生での行いに何も迷いがないの。それに神は内側で大きくなる。あの永遠の光は神殿の中だけではなく、心の中にもあるのよ。そして人は肉体から去るけれども、その永遠の炎は消えない。だから彼は歩み続け、自分が正しいと信じていることを教え続ける。彼が信ずる存在理由を説き続けるのよ。

彼女の言う永遠の光とは、神殿内庭の決して消されることのない火のことだ。

D：でもそこの人たちはとにかく彼に用心してほしいのですね。

A：ええ。緊張が高まっていて、そういった噂をちらほら耳にするの。少しの間だけ収束することはあるけれど、政府は気まぐれだから。不安が高まると新しい税を打ちだすのよ。

D：（笑って）それが政府のやり方ですね。

A：そうなの、そうやって政府は民衆を困らせ、操作する。異常事態が起こったり、戦闘に勝利したりすれば、そちらのほうに気を取られる。そうすると、他に目が向くから、事態が沈静化するのよ。

D：それで、祭司たちも政府の言いなりなのですか？

A：祭司？　祭司とラビは意見が一致していないの。ローマの祭司たちは言いなりよ。ラビは自分が生き残るために必死だけれど、政府派でもナザレン派でもないわ。だから……

D：（笑って）中立というわけですね。それが一番安全だと思っているのでしょうね。話は戻って、その集会には何か準備のようなものがあるのですか？　それとも彼が話を始めるのかしら？

A：彼は今、話しているわ。彼は……心から出る言葉をそのまま伝えている。ここには少ししか滞在しないけれど、この村には中継地点のような役割があるみたい。ここには本物の信奉者がたくさんいて、彼らは個々の任務を割り当てられ、それぞれの道へ出発しようとしている。だからここは安息の地で、少しばかりくつろいで連絡を取り合ってから、また新たに出発できるの。ここのグループは彼の教えを広めつつ、師を守るためにローマ人として振舞ったり、あるいはその場で必要な立ち回りをして他のエリアに潜入し、溶けこむことができるみたい。

D：そこの人たちはイエスの教えを理解しているから、彼はそれほど教えを説く必要がないわけですね。

A：ええ、ここの人たちは献身的な信奉者よ。

D：では、主な内容はイエスが彼らにしてほしいことを話しているのかしら？

A：ええ。でも祈りや相談の時間もあるし、学びには終わりがないわ。ここの人たちはそのような形で交流するの。

D：あなたが知らなかったことでイエスが彼らに伝えた重要な話はありますか？

A：いいえ、彼は「恐れる必要はない」と皆を力づけているの。何が起ころうとも、それは彼が存在する理由の一環だから。彼の人生に、そして**彼自身に**何が起こったとしても、その深層には学ぶべきレッスンがあるのだと。そして彼は、それぞれの内なる神の中に力を見つけなさい、心の奥を見つめて、仲間である人々に奉仕しなさいと念を押しているわ。

D：旅の道中では、彼はどんな格好をしていますか？

A：普通の外衣よ。

D：決まった色がありますか？

A：ああ、地味な色よ。大部分は黄褐色の素材で、頭巾や袖や裾の端までところどころに縞模様が入っている。でもその模様以外はとても簡素なものよ。

D：では他の人たちとほとんど変わらない格好ということですね？

A：そうよ。

D：今日そこに集まっている理由は、今後の活動を決定して指示を仰ぐためということですね。

A：ええ。そして進捗状況を彼に知らせるためでもあるわ。そういう集まりなの。

D：進捗状況はどうなっているのですか？　何か特別なことが起こっているのかしら？

A：彼らは小さなグループに分かれて行動しているみたい。そして教えに関心を持ちそうな場所があれば、そこに行って状況を把握するの。あとは、助けを必要としている人や不正を被っている人がいれば、そこにも行って、自分たちにできる形で地下組織を利用したり当事者を助けたりする方法を探すのよ。

D：では教えを広めるだけではないのですね。

A：ええ。重要な教えの一つは、仲間である人類に愛をもたらし、自分がしてほしい形で彼らを扱うことだから。この教えが誤用されることも多いけれど。

イエスは信奉者に、自分の言葉を世に広めることだけではなく、実際的な形で人々に奉仕することを教えていた。このことは『イエスとエッセネ派』でも述べられている——つまり、聖書の描写に反して、イエスは信奉者たちに彼から離れて独自の道を歩みなさいと勧めていたのだ。彼らはイエスが死を迎えるまでぼんやりしていたわけではない。信奉者たちがイエスに頼らず進むことができるよう、彼は事前にそう励ましていたのだ。

D：彼はその村にしばらく滞在するのですか？

A：あと一晩いたいと思っているようだけれど、もう出発すべきだと感じているみたい。そうすればすぐに次の村に向かえるから。

D：ではその村ではとくに重要なことは起こらなかったのですね？

A：ええ、ただ理解してほしいのは、彼らが確実に教えを広めているということよ。彼らはいつも教えを広めているようだけれど、他にもしていることがあるの。つまり、他のことをしているように見せかけて、必要なことをしているのよ。でもそうしながら、常に教えを実践して生きているわ。

D：次の目的地は知っていますか？

A：また別の町に行くみたい。ギベロン……だったかしら？（発音どおり）

『聖書辞典』にはその発音に似た場所が二つ出てくる。一つはユダの地の丘陵地帯にある町「ギブア」で、もう一つはカナンの地の王族の町「ギベオン」だ。彼らが旅しているエリアの描写は「ギブア」のほうにより正確に一致するように思われた。

A：そこにはもっと多くの信奉者がいるようだけれど、彼らはこの道を歩み始めたところなの。彼はどこに行っても、そこの人たちが必要としているもの、癒やしであれ教えであれを行おうと努めているわ。

D：その湖のほとりの村の人たちは、より上級の信奉者ということですね？

A：ええ。でもここでも彼は奉仕しよう、彼を求めている人を助けようとしている。今回の集会では特別なことは起こらなかったみたい。今は順調に進んでいるみたいだから。今のところ混乱も苦難も起こっていないと思う。

D：ではその村では予定どおりに事が進んでいるということですね。それで次の村にはこの道を歩み始めたばかりの信奉者たちがいて、彼らはまだ確信を得ていないということかしら？

A：そうよ。それに次の村は少し規模も大きそうなの。ケネレット湖の村は小さな共同体と言ってもいいかもしれない。でも次に向かっているのは、もっと大きなところよ。

D：着くまでに時間はかかるのかしら？

A：夜までには着くだろうと彼が言っていたわ。遅くても明日の早朝には着くでしょう。

D：ではそう遠くではないのですね。その村でもヨハネが先に準備をしているのかしら？

A：そうだと思うわ。

D：ヨハネはあなたたちより先に行っていて、向こうに着くまで会わないということかしら？　どのような段取りですか？

A：彼がそうすることもあるわ、通常はね。でも彼が戻ってきて、どこかの地点で進路変更や予定変更をさせることもあるの。

D：ということは彼が先に行って、手はずを整えるということですね。

A：ええ、それで目的地に着いたら彼と合流するの。

D：では次の村に到着したときに時間を進めて、何が起こっているか教えてくれるかしら。

もっと大きな村だと言っていましたね？

A：ええ、大きな広場の中心に泉があるわ。住民が水を汲みに来る広い場所も。中央広場や小さな建物もあるから、ここは村というよりも小さな町みたい。（間を置いて）わたしはここに少しの間滞在して、奉仕したり学んだりすることになると言われたわ。以前に彼と旅に出たことがあって、今はこの村に駐在している人と働くことになっているみたい。そう、駐在という言葉で合っていると思う。それでわたしはここで学ぶ立場にありながら、教えを伝えたり世話を必要としている人を助けたりすることになっているの。何か役立てることがあるのなら、その仕事をすることになっている。

D：あなたはそこに滞在したまま、彼はどこかに行ってしまうということですか？

A：そうよ。また迎えに来てくれるけれど。それからエルサレムに戻る必要があるみたい。

D：あなたが所属するグループの中から他に誰か残る人もいるのですか？

A：わたし以外は誰も残らないわ。その村や町が必要としているもの次第で、彼は何人かの信奉者に特定の役割を与えて残すことがあるの。ほんの短期間しかいない場合もあれば、滞在が続くこともあるわ。ここには前回の信奉者の何人かが残っているような気がする。多分、彼らはそれぞれの技能を活用して教えたり癒やしたり、あるいは助けが必要な人のために働いているのだと思う。

D：彼があなたを残していくことに対してどう感じていますか？

A：しばらく一つの場所に留まる心構えはあるわ。ここがわたしが学んで奉仕するための場所だと彼が言うのなら、わたしもここにいるのが正しいと思う。わたしはとてもやる気を感じているし、彼がわたしにさせてくれること、彼が教えてくれることにとても充足感があるけれど、ここに残ることも自然な流れに思えるわ。

D：彼が旅立つ前に何か他に起こりましたか？

A：彼は今、村の人たち数人と話している。この人たちは彼がいくつかの場所に滞在するように予定を組んでいて、彼を最も必要としている人たちを訪ねられるよう手はずを整えている。夜には集会もあるわ。彼の教えの信奉者たちの多くは、各家の地下に大きな集会部屋を作ったのよ、見つからないようにね。

D：そこで彼はまだ経験を積んでいない信奉者たちに話をするのですね。

A：ええ。質問に答えたりしていると、そこから教えの話に繫がるの。彼が必要だと感じたときは、重要なテーマについて話すこともあるわ。

D：では、集会がある夜まで時間を進めて、何が起こっているか教えてくれるかしら？

A：わたしがこれから一緒に仕事をする人に紹介されたわ。彼の名前はアブラムよ（「ア」の音を強調していた）。彼の家に滞在して上級の教えを学ぶことになっているけれど、わたしがすべきだと彼が思うことなら何でも手伝うことになっている。病人や老人や孤児のお世話から、教えの伝授まで、色々なことをするの。

D：イエスはあなたをナオミとして紹介したのですか？　それともナタナエルと？

A：（恥ずかしそうに微笑んで）アブラムには……ああ、ややこしくなるのは**わかっている**の。こんなことをして自分を愚かに感じてしまうわ。多分、わたしを守る目的で、ナザレンはわたしをナタナエルと呼んでいる。でも、わたしが本当はナオミだということを彼はアブラムに伝えたと思うの。だから、もうこういった変装は必要ではなくなりそう。他の小さな共同体では何人か女性を見かけてとても安心したわ。だからこの村でも本当の自分でいても安全だと思う。それにわたしも成長してきているから、男の子みたいに見えなくなっているの。だから変わると思うわ。

どうやら、わたしが思っていたよりも月日が経過していたらしい。彼女の話には何週間から何か月もの出来事が凝縮されていたのだろう、特にそれらが似たような出来事だった場合は。ナオミは成熟しつつあり、若い女性の外見に近づいていたのだ。

D：では今回の旅は数日以上の時間が経っていたのですね？

A：数週間は経っていると思うわ。予定変更があったから。わたしたちの旅は必要に応じて、あるいはヨハネの情報に応じて変更することがあるの。ずいぶん時間が経ったから、わたしは一つの場所に留まって、責任を与えられる準備ができていると思うの。でも十四歳になろうとしていて、体にも変化が起こっている気がする。もうすぐしたら男の子のようには見えなくなるわ。

D：もう隠せなくなるというわけですね。

A：ええ。わたしが本当の自分として再登場しなくてはいけなくなるだろうと彼はわかっているのね。だから、ここは学びの場所であるだけではなく、女の子に戻るために安全な場所でもあるの。

D：では彼が戻ってきて、また一緒に旅をするときには女の子に戻っているのですね。

A：そのときはもう安全だし、安心でもあるわ。多分、女性も増えているから受け入れてもらいやすいと思うの。

D：他の場所ではもっと女性がいて驚きましたか？

A：ええ。誠実で、真実に生きる人なら誰でも仲間として受け入れられるけれど、元来、大半の女性はわたしの母のように育てられるから。わたしと同じくらい強く自分の道を信じている人が何人かいるわ。

D：そうですね。でも大半の女性は何も教わることすらないんでしょう？

A：ええ。とても珍しいことよ、とても。

D：だからこそ、そういった女性にたくさん会って驚いたのですね。そういったことをナザレンは気にしないんでしょう？

A：ええ、彼は誰をも受け入れるわ。違った目で見ているから。彼は人を人として見るの。心に従って生きると、他の物事に目が開かれるから、男性だから女性よりも偉いわけではない、ということに気がつくの。女性も他の人たちと同じくらい重要なの。自分がどんな肉体に宿っているかが重要ではないのよ。その肉体を通じて輝くのは、その本質だから。

D：よくわかるわ。ところで、集会はその地下の部屋の一つで開かれるのですか？

A：ええ。彼は全員を歓迎している。今夜の彼は、自分も皆と同じように肉体を持ってこの地を歩んでいるのだと伝えようとしている。彼という人間はわたしたちと同じで、彼にできることはわたしたちにもできるのだということを。わたしたちはただ、その事実を認める意識に内なる自己を開くだけでいいの。心に従って生き、万物を包む神に繋がっている自分、その自分にその神が内在していると知って再出発すれば、より深い理解に繋がる。そうして自分で自分自身を、そして他者を癒やすことができると知るの。それが感情的な癒やしであれ何であれ関係なく。わたしたち全員に可能性があることを、いずれわかるだろうと彼は言っているわ。

D：多くの人は、彼だけがそうしたことをできると思っているのでしょうね？

A：そのことを訊かれたら、彼はいつも理解してもらおうと懸命に説明するの、自分も他の人たちと同じように創られたということを。唯一の違いは、彼が人間の持つ可能性に気づいたということだけで、他は何も違わない。彼は庶民と同じ格好をしているし、特別なことは何も望んでいない。そこには何の違いもなく、神の法はすべての人を一つにするということを、彼は人々に知ってほしいと思っている。本当に大切なことは、心に従って生き、お互いに奉仕して思いやりを持つことだけなの。

D：でも、もちろん彼は気づきを深めるための教え、つまり修業を受けたのでしょう？

A：ええ、でも彼はその修業を通して、すべてが庶民に隠されるべきではないことを認識したの。秘密にするのは正しくないと彼は信じている。神の愛と神の法は万人のためのものだと信じているから、彼はそのことを広めようとしているのよ。それを庶民に教えるために、学んだことを自分で解釈して伝えようとしているの。

D：つまり、多くの人は、そうした教えが万人のためのものではなく、少数の人たちだけのものだと考えているのですね。

A：それが原因で、社会の他の層に対立が生まれている。彼らは自分たちの権力、影響力が奪われつつあると感じているの。民衆が自分の頭で考えられるということ、自分の選んだ道を歩んで正しく正義をなすことができると気づいたら、彼らの影響力が奪われてしまうから。

D：祭司の一部はそうした知識を知っているのに、それを不可侵の知識として扱おうとしているのかしら？

A：わたしはそう思う。彼らがその知識をどう解釈しているかはわからないけれど。誰もがその知識を入手できるのかもしれないけれど、それをどう解釈するかが重要なの。

D：だからこそ、彼らはイエスがしていることを認めたくないのですね。彼らの秘密を民衆に開放するようなものだから。おそらく彼らは、庶民がそうした知識の多くを知るには値しないと考えているのでしょうね。

A：だから彼はあのような愛と充足感で人を満たすのよ、わたしたちは皆同じだということを懸命に伝えようとしているから。わたしたちは皆、互いに奉仕するためにここに生まれてきた。自分がそうしてほしいと思うやり方でお互いを扱うべきで、誰かが何かを必要としていたら、助けてあげないといけないの。

D：今、集まった人たちは質問をしているのですか？

A：誰かがこう訊いたわ。彼の教えを広め、そうすることが万人のため、庶民のためだと感じていても、自分をどのように守ればいいのかわかりません、と。どうすれば身を守りなががらそういった活動ができるのですか、と。その境地にたどり着いて恐れを一掃するのは難しい、と話しているわ。

D：ええ、それはとても人間らしい感情ですよね。彼は何て返事を？

A：彼は忍耐について話しているわ、「あなたが恐れずに歩めば、内なる永遠の光がどんどん輝きを増し、恐れによる拘束がすべて解けていく。でもあなたがたは、そのことを自分自身で知る必要がある。賢名な者は用心して進み、真実を、そして手を差し伸べることを恐れないのだ」と。

D：でも、彼らがしようとしていることには危険があるから、現実的な恐れがありますよね。

A：ええ。でも用心して進み、自分がこの知識を人から求められているのだとわかれば、その教えが徐々に浸透していくわ。その小さな輝きにひとたび気づけば、言葉さえ必要とせずに変化が起きていることがわかる。そうして人々が自分のもとに集まり、求めてくる。そうして求められるとき、自分が他者に奉仕しているかどうかがわかるのよ。つまり、それ自体が言葉を使わない意思疎通の一環で、あなたが相手を大切にできるのだと示すことになる。相手を大切にしていること、助けようとしていること、それの見返りを求めていないことを示すことになるの。

D：でもその人たちが恐れる理由もわかるわ。他に何か質問した人はいますか？

A：男性が、自分は彼と同じだとは思えないと発言したわ。そうしたらナザレンが彼のところに行って、自分の手や体に触れさせた。自分もまた同じ生身の人間であることをわかってもらうために。そうした願いや意図があるかどうかを知ってもらうために（大きな笑顔になって）……ああ、美しい光景だわ。彼の顔から愛があふれ、その男性に向けられているのが目に見える。男性は恍惚として、もう言葉さえ必要としていないようだわ。「あなたの過去がどうであれ、人生のどこかの時点でそうした思いや天啓に到達したのなら、それでいいのだ」とナザレンは理解してもらおうとしている。**この瞬間**が最も大切なのだから、それでいいのだと。

D：その男性は多分、数々の素晴らしいことができるイエスと自分が同じだとは思えない、と言いたかったのでしょうね。

A：でもナザレンは、自分にできることは彼にもできるのだと教えようとしているの。

D：その点が信じがたいのです。彼はその人たちやあなたの所属するグループに、癒やしの方法を教えたのですか？

A：数人には。でも、まず人は自分自身を癒やさないといけないから、それはとてもゆっくりと慎重に行われるの。それに一挙に多くを教わると、思っていたようにうまくいかないから。学ぶことが多すぎると混乱が生じる。そうすると後退したり、難航したりするの。だからとても慎重になるべきだし、各自のレベルに合わせて学ぶしかないのよ。

D：そうですね、あまりに多くを教えてしまうと理解できないでしょうしね。

A：そうなると気もくじかれるでしょうから。それに、期待すべきではないということも学ばなければならないの。信じることを学ぶ必要があるのよ。すべてが必ずしも言葉で説明できるわけではないから。

D：その通りですね。まず人は自分自身を癒やさないといけない、って彼はどういう意味で言ったのかしら？

A：あなたたちはまず、**自分が**完璧な存在であるという気づきに到達しなければならない、という意味で言ったのよ。**あなたたち**はこの慈しみ深い神の本質なのだと。説明するのが難しいけれど、それは真心や愛という、すべてを包みこむような感覚で、自分らしくいていいのだと知ることなの。あなたたちはそのままの自分で完璧なのだからと。そうした理解や愛を受け入れると、それが他者にも伝わるの。

D：そうした自分への愛がなければ、他の教えや癒やしを伝えることもできないというわけですね。

A：ええ、なぜなら自分自身の内なる癒やしを得るにつれ、扉が開いていくからよ。だから簡単に進むようなことではないの……通常は。

D：「比喩」という言葉を聞いたことはありますか？　彼がその言葉を使ったことはあるかしら？

A：（微笑んで）書物でよく見かけると聞いたことがあるわ。あなたが言う「比喩」って、二つの意味を持つ話のことでしょう？

D：そのようね。

A：それは言葉どおりの意味と、**深い**意味合いを持つ形で書かれたものね。その意味合いを読み解くための知識があればの話だけれど。その後者の意味合いが真実、つまり**神の**真実を表しているのよ。

D：書物に書かれていると言いましたね？　それは宗教的な書物のことですか？

A：わたしが記憶しているのは父から教わったものと、神殿で読まれている聖典に書かれたものよ。あなたが「比喩」と言ったとき、わたしにはまずそれらが浮かんだわ。

D：ナザレンに関係する話でその言葉を聞いたことはありますか？

A：そうね……彼が比喩を使ったことはあると思うわ。とくに祭司やラビや政府の役人と話すときや、大きなグループに語りかけているときに。そうしたときに「比喩」を使うことがあるけれど、それは用心のため、物事を穏便にすませるためよ。でも少数のグループ内ではそうした話し方はしないわ。彼が相手に心から求められていると感じるとき、人々が本当に学びたがっているときは、できる限り忠実かつシンプルにその本当の意味を伝えようとするの。

D：故意に謎めいた言い方をするわけではないのですね？

A：ええ、ただ……説明するのが難しいわ。教えを伝えなければいけなくて、相手が自分で答えを見つけなければいけないとき……そんなときは状況によると思う。たとえば、あるとき彼が話していたことを思いだしたのだけれど、大きなグループの中にいるときや、かなり新しいグループの中にいるときは、そうした比喩で話すこともあるの。でもそれはその人たちに学んでもらうためよ。だから次にそのグループに会うと、彼らは前回聞いた話について議論するの。その頃には自分なりの答えを見つけているから。だから場合によっては、比喩が学びの手段になるのよ。

D：そういうとき彼は比喩の意味を説明したりしないのですね。相手に自分で考えさせるということかしら。

A：ええ。そういう場合もあるわ。

D：相手が他の方法では理解できないときに比喩を例として使うこともあるのかしら。

A：ええ、わたしもそう言いたかったの。比喩を聞いて熟考し、時間が経つと、扉が開いてその全体像が見えてくることがよくあるから。つまり、その一面を見ていると突然光が差して、理解が明瞭になるの。だから比喩も学びの手段の一つなのよ。

D：何かを強調するためや、庶民に理解しやすいようにするために物語でたとえることもあるのかしら？

A：それもあるわ。

D：彼は道端で庶民に話しかけることはありますか？　それとも大抵はグループ内で話すのかしら？

A：彼はどんな人でも拒まないわ。道端で会う人たちにも声をかけるし、反論されたら対応する。でも彼は勘がいいから、いつ教えるべきで、いつそうするのが安全かわかっている。

D：そこが気になっていたの——もし見知らぬ人が寄ってきて、その教えが何なのか知りたがっていたら、彼はどうするのかしら。

A：彼は質問に答えるわ。どんな人でも拒まないから。

D：でも彼が教える相手の大半は、彼がしていることを知っている人たちなのですね。

A：ええ。**そうした人たち**に語りかけることによって、彼らが真の意味でその教えを学び、伝道できると彼は感じているから。この知識を他者に無理強いすることはできないもの。だからこそ彼はこの旅を続けているの。繰り返すけれど、彼は誰をも拒まないから、常に教えているわ。道端で会う人たちにも語りかけるけれど、本当に彼の教えに**飢えていて**、それを受け入れる準備ができている人たち、それが自分の道だと感じている人たちが相手のときは教え方も違うわ。人はそうして自分自身の真実に到達するものだから。

D：では、あの湖畔の村の人たちみたいに、彼が伝道に向かわせる人たちは庶民に教えを伝えに行くのかしら？　それとも……。

A：その人たち……彼はその人たちを、彼らが必要とされる場所に向かわせるの。司令官や指揮官のようにではないのよ、つまり、その人たちも自分で決めるのだから。彼らは自分が奉仕するべきだと感じている。だから自分の意志で旅に出て、彼の教えを引き継ぐの。彼がすべての場所に行けるわけではないから。そうして彼らは、自分が必要とされている場所を自分なりに見つける。彼らは繋がっているから自分たちが最も役立てる場所、最も必要とされている場所を使者を通じて把握した上で旅に出るのよ。

D：その点が知りたかったの。つまり、信者を増やそう、新規を開拓しようとして出かけるわけではないのですね？

A：ええ、そういうことではないわ。彼は無理強いをしない。（微笑んで）**彼は信者を増やそうとしているのではない**から、教えが滞りなく伝わるの。人々が互いに連絡を取り合って、教えがただ広がっているのだと思う。

D：そういうことなのですね。友人や、たとえば関心を持ちそうな人に伝えるということかしら。

A：もしくは、助けを必要としている人の噂を聞いたときにも。彼らは誰も行こうとしない場所に向かうの。それもこの旅の一環だから。

D：わかりました。どういう形で広まっているのかを知りたかったのです。その夜の集まりでは他に何か起こりましたか？

A：いいえ。彼は質問に答えたり話したり、あとはこの村で自分が必要とされている場所を尋ねたりしている。明日、色々な人と会うことになっているわ。そういう予定みたい。この村ですべきことが終わったら、彼は次に向かうの。この村で会うべき人がどんな人たちであれ、その日でやり終えることができそうだわ。

D：それで、あなたはアブラムの家に滞在することになっているのですね。イエスが戻ってくるまで、どのくらいかかるのかしら？

A：正確にはわからないけれど、数か月かかるかもしれない。わたし自身は一つの場所に留まって奉仕し、貢献するべきだと感じているの。

D：では彼があなたをそこに残していく場面まで時間を進めましょう。彼がその村にいる間に変わった出来事はありましたか？

A：彼は癒やしを行ったけれど、変わった出来事は何も起こっていないわ（笑って）。いつもの奇跡だけよ。
D：癒やされた人たちは、グループ内の病人ですか？　それとも彼のもとに人が連れてこられたのかしら？
A：彼が必要とされている場所、求められている場所を訪問する予定が組まれていたの。その人たち全員が集会に来ていたわけではないけれど。
D：彼が癒やしたもののなかで何か特別な病気はありましたか？
A：一人……何て言えばいいのかしら……頭部の病気が。その女性は万力でひねられているような激痛を抱えていたの。腫れも出ていたわ。頭部のこぶが目に見えるくらいで、彼がその痛みを解き放ったの。彼女は……いつもと同じことが起こったわ。あの黄金の光が彼の頭、胸、両手に見えた。彼はとても穏やかな表情をしていたわ。でも彼女にはすぐにそれがわかった。それを見ていた人たちもいるわ。信じがたいけれど、神の恵みだった。
D：それで、腫れが引いて痛みもなくなったのですか？
A：ええ。彼女はただ**死にたがって**いた。死なせてくれと言っていたわ。でもまだ死ぬべきときではなかったの。だから彼は助けることができた。
D：それは奇跡だわ。でもさっき言っていたように、そういう出来事をたくさん見てきたのですね。

A：（微笑んで）でも他にも……彼は自分を必要としている人たち全員のところに行ったし、出発前にもう一度集会を開いたわ。それに彼は（微笑んで）アブラムの家にも来てくれたの。わたしはただ……（深いため息）彼への愛があふれている。彼は両手でわたしの頭と顔に触れて、これからあなたはナオミになる、恐れることは何もないと言ったわ。そしてわたしはずっと彼と歩むし、多くの大切な教えを学んで、ここで愛をもって奉仕するのだと言ってくれたの。彼はわたしを優しく抱きしめて、額にキスしてくれたわ。（泣きそうな悲しい口調で）彼を見送るのはつらいけれど、ここがわたしの居場所だということはわかっているの。

D：でも彼は戻ってくるのでしょう？　それが大切ですよね。あなたを迎えに来てくれるのだから。彼は道中が困難な荒れ地に向かうのかもしれないですね。あなたの安全を思っているんだわ。

A：（洟《はな》をすすりながら）ええ、そうかもしれない。

D：少なくともそこでは安全だとわかっているし、彼があなたにしてほしいことをすることになるのでしょう？　それに彼は戻ってくる。それから彼はエルサレムに戻ると思うと言っていましたね？

A：毎回、旅の終わりにはエルサレムに戻っているみたいなの。だから今回もそこに戻ることになるでしょうし、そこで会わないといけない人たちもいるから。家族にも会いにいくのよ。

D：ナザレに？　そこへはあなたも一緒に行けるのかしら？

A：今回はどうかわからないけれど、そうなるかもしれない。

D：誰かが「洗礼者ヨハネ」の話をするのを聞いたことはありますか？

A：ヨハネ……？（沈黙）

D：グループに所属しているヨハネとは別の人よ。他の名前で呼ばれているかもしれないけれど。

A：多分……あの湖のところにいた男性のことかしら。彼がナザレンといつも一緒にいるのかは知らないけれど、その呼び方には聞き覚えがあるわ。ケネレット湖畔のあの小さな村に滞在したとき、ヨハネという名前の男性がいた。わたしたちが水の中で浄めたとき、これは肉体とスピリットのために行うのだと彼が言っていたの。あなたが言っているのは多分その男性のことだと思う。

D：その男性が清めを行ったということですか？

A：ええ。彼は儀式を……清めの象徴的な儀式を行ったわ。でも全員にじゃなかった。儀式を受けたのは数人よ。でもたしか彼は……なんて呼ばれていたかしら……「水のヨハネ」？　行ったのはスピリットを清める儀式よ。

D：それはどんな儀式だったのかしら？

A：ナザレンの教えを一定の期間、実践してきた人たちのための儀式だと思うわ。自分を水中に沈めて、そこから上がると彼が祈りのようなものを唱えるの。スピリットの水による象徴的な浄めを通して、神とその教えに献身する儀式になるのよ。

D：それは通常の儀式とは異なるのですか？

A：それについて聞いたことはあったけれど、実際に見るのは初めてだったわ。

D：グループと一緒にナザレンが行う他の儀式はありますか？

A：（考えて）大きなグループや新しいグループと一緒に行うものはないわ。でも彼にはただ話したり両手を使ったりする一種の決まったやり方があるの。何かに集中するために座って静かに祈っているとき、そこに違いがあるのがわかるわ。あなたはそういうことを言っているのかしら。他に思いつかないのだけれど。

D：たとえば、神殿では儀式や祭式を行ったりするでしょう？

A：ああ、蝋燭や聖典や祭日のようなこと？　いいえ、そういった儀式という意味なら、あの象徴的な水の儀式が初めてだったわ。でもナザレンが話すときは、いつもそこに隔たりがないように話そうとするの。だから彼が何かをするときは、そこにいる人々を引き入れようとするのよ。だから彼には儀式なんかなくて、ただ静かに祈り……彼の内なる神からの導きを求めるの。

D：むしろ祭式や儀式は彼を普通の人ではなくしてしまうのかもしれないですね。神殿の祭司たちのようなやり方で彼も行っているのかどうかを知りたかったの。どうやら、そうではないようですね。

A：ええ、彼は集会を同志、仲間の集まりのようにしようとしているし、そこでは立場の差などないわ。彼は皆と同じ目線になって座り、**同等の**立場でいようとするの。

D：わかりました。また今度続きを聞かせてもらえるかしら？　その後のことがとても気になるから。

ナオミがイエスとの交流の物語を続けると承諾し、わたしはアンナを通常の覚醒状態に戻した。彼女の生活が日常の些事に戻った一方で、彼女の意識は遠い昔に起こったもう一つの物語を疑っていなかった。

このような特異な形による歴史調査を通して、わたしはセッション中、イエスの集会に実際に参加しているような貴重な恩恵を与えられた気がした。そこでマスターから教えを授かる人たちに混ざっている気がし、彼の教えが当時の伝統的教えとは徹底的に異なっていることが見てとれた。初期の信奉者たちが彼に従って行くには相当な勇気が必要だったのは明らかだ。なぜなら、そうすることで現実的な危険が迫るからだ。しかし、彼らの恐れを静めるために、イエスがカリスマ的な能力を示していたこともわかった。彼に従おう、彼の類まれな教えを学ぼうと多くの人を鼓舞させるような人柄を彼が持ち合わせていたことも感じられた。そう、その教えは前代未聞のものだが、彼らの生活の空虚さを埋めるものだったのだろう。当時のラビによる伝統的な教えでは埋めることのできなかった空虚さを。

わたしは本当のイエスを知り始めていた。

第9章

イエスの死を幻視する

ナオミが語るイエスとの交流物語を再開できるまでに、三月から十一月末までの数か月が流れた。アンナは自宅でB&Bを経営しているため、旅行シーズンは宿泊客が殺到したのだ。その間は私的な時間がなくなるため、わたしたちは繁忙期が終わるまでセッションを延期せざるを得なかった。ようやくセッションを始めることができるようになると、わたしは彼女のキーワードを使い、まるで中断などしていないかのように当時に戻った。

最後にナオミと話したとき、彼女はイエスが戻ってくるまで小さな町に残されたので、わたしはその時点から物語を続けようと思った。そうすると、ナオミにとっても時間が経っていることがわかった。

D：イエス一行が旅を続ける一方で、あなたは友人の家に残りました。その時点まで戻りましょう。三つ数えたら、そこにいます。一、二、三……ナオミの時代に戻りました。何をしていますか？　何が見えるかしら？

A：ナザレンが村に戻ってくるのが見える。わたしは大きな喜びにあふれている。わたしの進歩を彼が喜んでくれるといいのだけれど。

D：そこには長くいたのですか？

A：大体……三か月くらいよ。

D：彼の友人のところに滞在していたのですね？

A：わたしの教育を手伝い、わたしが求めている道を教えてくれる家族のもとに預けられたの。ベン・ダビデの家よ。**ああ、たくさんのこと**が起こったわ……（彼女は泣きそうな様子で感情的になっていた）わたしは……大きく変わった。

D：どういった意味で？　話してくれるかしら？

A：（悲しげに）今は……色々な感情が入り乱れている……実用的なことから癒やしまで、多くを学んできたわ。同胞に奉仕することも。ナザレンのやり方で教わってきた。それにわたしは目覚め、もう少しで愛を知るところまで到達したの、愛はわたしには関係ないと思っていたのに。まったく想定外だった。

D：愛のことは考えていなかったものね。

A：（すすり泣きながら）ええ（感情に翻弄されて、話もできないほどだった）。それに今はとても明瞭に見える。この感情はその明瞭さが一因でもあるけれど、苦しみも原因しているの（泣いている）。ナザレンを見ると、そのハートセンターや頭の周りにあの黄金の光が輝いているのがわかるけれど、わたしには……未来がはっきり見える。それは……（声を震わせて）話すのが難しい。

D：未来って、あなたの未来ですか？

A：どちらかと言うと彼の未来よ。

D：そのせいで彼を見ると苦しくなるのですか？

A：ええ、そうなの。

D：そこに滞在している間に、未来を見る能力を教わったのですか？

A：違うわ。人がそんな能力について話すのを聞いたことはあるけれど、わたしがそうしたヴィジョンを見ることは誰にも話す必要がない気がした。頻繁に見えるわけではないけれど、たしかに見えるわ。実際には、彼が村に入ってくるのを見たとき、そしてあの光を見たとき、わたしの頭の中で出来事が起こっているのが浮かんだの。ヴィジョンは頻繁に起こることではないし、まだ誰にも話していないわ。ナザレンに伝えないといけない。彼がわたしを心から信用し、話を聞いてくれることはわかっている。ベン・ダビデの家でも家族の一員として扱われているけれど、ヴィジョンにはまだ慣れていないから。こういったことを打ち明けるほどの勇気がないわ。（すすり泣く）。

D：よくわかるわ。あなたに見えるものをナザレンに伝えるつもりなのですか？

A：ええ、時期を見て話すつもり。

D：先にわたしに話しておきたいですか？

A：いいえ、待つことにする。たくさんのことが起こったのに、彼を見るまで自分がどれだけ変わったか気づいていなかったし、この数か月どんな心境だったかもわかっていなかった。日課をこなしながら学び、自分の仕事に専念しているうちに、あっという間に時間が過ぎた気がする。ゆっくり座ってそのことを考えている時間なんてなかった。でも彼を見たとき、すべてが急に浮上してきたの。なぜなら、二人で向き合って、彼に**すべてを**伝える必要があるとわかっているから。

D：それも彼があなたをそこに残したかった理由の一つかも知れないですね。

A：ええ、彼はわたしの覚悟がどれだけのものかを知りたかったのだと思う。わたしの気が変わるのなら、そうさせるチャンスを与えようと彼は思っていたのよ。そうすれば、彼は大きな愛と理解をもって受け入れてくれたでしょうから。

D：あなたを預かった人たちはナザレンの友人だと言っていましたね？

A：ええ。この村の人たちは彼の教えを信じている。彼らは奉仕すること、自分がしてほしい形で他者を扱うこと、わたしたちの源である神の光に生きることを心から信じているの。

D：あなたの滞在中、彼らはあなたに色々教えることになっていたのですか？

A：ええ、人生哲学を学ぶことになっていたの。人の世話や必要なケアを行うこと、自分にできる限りの形で奉仕することを。この村に住む年配の人たちとも過ごしたし、家族のいない子どもたちの世話もしてきたわ。つまり**真実の**愛と同胞意識をもって人類に奉仕するあらゆる方法を教わってきたの。

D：村の人たちはどこからその知識を得たのですか？　誰かに教わったのかしら？

A：ナザレンに教わったのよ。ここの人たちは色々な村や町の出身で、ここに自分たちの共同体を作ったの。家の下の極秘の避難所で集まらざるを得なかったのは彼らよ、自分たちの信念を追求することが許されなかったから。

D：では、そこでの暮らしは幸福なものですか？

A：ええ。充実しているわ。感情が強烈すぎて言葉にできない。わたしは色々な面で試練を経験してきたけれど、わたしの**真実の**奉仕、今ここに存在している理由は、できる限りの学びを得て、その知識をわたしが奉仕すべき相手に伝えていくことだとわかっているの。そしてわたしが見つけた愛は、お互いの教えと成長の一環だということも。そうとしか思えないわ。

D：あなたが見つけた愛のことだけれど、それは予想外のものだったのですか？

A：ええ。わたしはナザレンと歩むために両親の家を出た。あなたも覚えているでしょうけれど、あの頃はまだ若くて男の子に変装することができたから、それを許可してもらえたの。わたしは普通の結婚には関心がなかった。世間一般の生き方をあまりにも虚しく感じていたから、両親もナザレンもわたしの意思を受け入れてくれた。わたしが諦めなかったから、彼らはとても驚いていたと思うわ。やがて男の子の格好がもう通用しなくなって、わたしはこの安全な村に預けられた。ここでなら成長して学び、自分の覚悟を確信できるから。

D：でも彼にはあなた以外の女性の信奉者たちもいるのですよね？

A：ええ。家族でこの奉仕と真実の人生を歩む人たちもいたわ。他に誰も彼と行こうとしなかったとき、病人の世話をして人の痛みを和らげようと奉仕を申しでる女性たちもいた。そうやって女性たちが受け入れられたの。彼女たちには癒やしの知識があったし、奉仕できる分野での知識も豊富だったから。

D：あなたの外見が女性らしくなってから彼があなたを連れていかなかったのはどうしてかしら。

A：わたしの家族のことがあったからだと思う……それにわたしはまだ若かったから。たしか……十三歳にもなっていなかったかしら？　わたしが自分の歩むべき道を確信していたから、皆、驚いたと思うわ。そうすることが正しいと思えてならなかったから、わたしはどのみち家を出て旅立つことを固く決意していた。内なる神の源と繫がって以来、あらゆる答えが同じことを指していたの。だからこの道を歩むことにした。あんなに若い子、しかも女の子にそれほど固い決意を見るのはとても珍しかったのだと思う。それはユダヤ人の伝統ではなかったから。だからこそ彼は一層慎重になったのだと思うけれど、何よりも……年齢が問題だったの。わたしのような生育環境の女の子にとって一般的な生き方ではなかったから。

D：そうした点で彼はとても賢明なのですね。ところで愛について話していたけれど、男性に惹かれたということですか？

A：ええ（深いため息）。このことは……言葉にするのがとても難しい。（悲しげに）この道を歩むことに迷いはなかったし、自分がそういった愛を知ることなんて決してないと確信していたの。この人生での目的を強く信じていたから。男性がわたしの琴線に触れるだなんて、男性がスピリチュアルで親切で、わたしを同等に扱って気にかけてくれるだなんて、夢にも思っていなかった。彼がわたしにとって大切な存在になったのは、彼がわたしを預かっている家の一員だからだと思う。彼はわたしの教育を手伝い、わたしを同等の存在として尊重してくれた。わたしは彼を愛するようになったの……兄弟に感じる愛以上のものよ。自分がこんな感情を抱くことができるなんて知らなかった。それに彼はわたしと同じような信念があるの。（再び泣きそうになりながら）でも、この先どうなるかわからない。

D：その男性の名前は？

A：アブラムよ（彼女は最初の音節を強く発音した）。

D：ベン・ダビデがその人のお父さんですか？

わたしは『イエスとエッセネ派』の執筆時に調べものをしていたとき、名前の前につく「ベン」が「○○の息子」という意味だと知った。

A：ええ。彼はアブラム・ベン・ダビデというの。

D：彼は同じ家に住んでいるのですね。仕事は何をしているのかしら？

A：村で必要とされていることは何でもするわ。大工仕事とか。それに農業や灌漑《かんがい》システムにも詳しいの。

D：とても頭のいい人みたいですね。

A：ええ。人は誰でも物理的な責任を負うと同時に、知性面や精神面での成長も起こるでしょう。物理的に自立できるように、誰もができる限り学ぶことを求められているのよ。そうすれば誰もが目的を果たして、助け合えるようになれるわ。

D：アブラムもあなたと同じ気持ちなのかしら？

A：（穏やかに）ええ。でも彼は**喜んで待つ**と言っている。彼はわたしの心がどれだけ献身的かを知っているから、わたしの決断を受け入れてくれるわ。それに、やがて明瞭な答えがもたらされ、わたしがどうすべきか確信することも彼は知っているの。

D：彼は結婚の話を口にしたのですか？

A：結婚の話は出たけれど……（とても感情的になり、頬に涙が伝った）。それは**不可能**だと感じる。なぜならわたしは……両方に身を捧げることはできないし、それを考えると胸が張り裂けそう。

D：そういうことも考えて、ナザレンはあなたをしばらくそこに預けたかったのかもしれないですね。あなたに確信してほしかったから。でも両方を叶える方法も見つかるかもしれないわ。どうなるかはわからないでしょう（わたしは彼女を励ましたくてそう言った）。

A：（深いため息）わからない。

このことが彼女の感情を大きく揺さぶっていたので、わたしは話題を変えようとした。

D：ナザレンが村に戻ってきたと言っていましたね？　他の人たちも一緒に戻ってきたのか

しら？
A：ええ、小さなグループが一緒だったわ。
D：あなたは今後どうするのかしら？
A：彼がわたしに望むことなら何でもするわ。この村でのわたしの教育期間が終わったのかどうかよくわからないし、引き続きここに留まることになるのかもわからない。ここでなら奉仕することができるし、必要とされているのもわかる。でも本心を言うと、もっと奉仕の旅に出て、自分が役に立てる場所をわたり歩きながら、学んだ知識を伝えていくべきではないかと感じている。でもナザレンの言うとおりにするわ。
D：彼のほうが全体的な計画を承知しているでしょうからね。彼と二人きりになる時間はありそうですか？
A：ええ、そうする必要があるもの（再び泣きだす）。
D：あなたの見たヴィジョンについて彼と話したいと言っていましたね。二人きりになったときに話すつもりですか？（彼女はまた洟をすすりながら泣いていたので返事はなかった）。では、彼と二人きりになれるときまで時間を進めて、話してくれるかしら。彼と話す機会がありましたか？
A：ええ（彼女は再び泣いていた。話すのも大変そうだった）。

D：どうしたのですか？

A：色々な感情が入り乱れているの。彼とまた二人きりになるのは嬉しい。この感情はあまりにも圧倒的で、**肉体的**な種類の愛はどんなものでもこんなふうにわたしを満たすことはできないわ。（悲しげに）この**スピリットの**愛だけが、そして奉仕することだけがわたしにとっての真実だと**わかる**。

D：その二つは対照的というか……少なくとも異なるものですね。

A：（悲しそうな口調で）わたしにとってはそうではないわ。私の目には同じように映る。彼が村に入ってくるのを見たとき、以前見たことのあるあの輝かしい光が見えたと彼に伝えたの。彼のハートセンター、頭の周りに見えたあの黄金の光のことよ。そして彼に言ったの……（感情を昂ぶらせて）彼の苦しみが……わたしにはわかると。わたしはその苦しみを感じている。彼が真実と愛をもって歩んできたこと、光を広げようとしてきたこと、人類がなり得る姿を自ら示そうとしてきたことを、わたしは知っているから。それに彼が……傷ついてきたことも知っている。彼の胸が引き裂かれているのが見える。なぜってわたしは……（声を震わせて）彼が肉体から去るのを見たから。わたしは彼が奉仕するためにこの地に来たことを知っている。（彼女は泣き、言葉を詰まらせた）……でも、信じることができない人たちがたくさんいることも知っている。彼らはあまりにも恐れでいっぱいで……彼が長く生きながらえないようにしようとしている。

D：あなたが見たヴィジョンには、彼の死に方も含まれていたということですか？

A：（悲しげに）それが起こるのを見ただけよ。何が起こるのか正確にはわからないけれど、彼が肉体を去るのが見えた。そしてそれは……彼が次に進み続けるときでもあるの。

D：彼の死がどのように起こるか見えたわけではないのですね？ 彼が死ぬということだけが見えたのですか？

A：そうよ、なぜなら彼はこの地に来て、その目的を果たしたから。彼はこの地を歩み、神と愛と光を通じて人類の真の哲学を教え広めた。わたしたちは皆、兄弟であり姉妹であることを彼は教えようとしてきた。わたしたちは皆、家族だということを。彼はできるだけのことをしてきたわ。彼は少数の人がそれを引き継ぐことを知っている。でも彼が上昇《アセンション》するときは近づいているの。この世には聞かざる耳、暗いハートがあるから。彼の肉体としての存在には意味がないの。

D：あなたのヴィジョンを話したとき、彼は何と言いましたか？ あなたの話を信じてくれたかしら？

A：話をしたとき……（また声を震わせて）うまく言葉が出なかった。（すすり泣いて）こういったことが自分に起こるなんて誰にも教わらなかったから、とても混乱していたの。

（泣きじゃくりながら）知らなかった。どうしようもできなかった。そんなふうに感じるのが苦しかった。彼にどうしても伝えなければいけなかったの。大切な、優しいナザレンなら理解してくれる、わたしを愛してくれるとわかっていたから。それに自分が心から真実を話していることもわかっていたから。（穏やかに）彼はわたしの顔に触れて、恐れてはいけないと言った。なぜならわたしたちは彼の愛を通じていつも繫がっているから。わたしのヴィジョンは明瞭なもので、それを恐れてはいけないとも言ったわ。見えるものを重んじて、その映像を歪めないようはっきりと落ち着いて見なさい、と。そのヴィジョンはわたしの目を通して語られる神の言葉だから、と。わたしは彼の本当の上昇《アセンション》となるものを見たのであって、それは彼の次なるステップだと言われたわ。それがどんなふうに見えたとしても、彼はこの物質的次元での貢献をやり終えたのだ、と。彼はこの次元ではもうこれ以上進めない、人生の真実を理解した少数の者だけが耐え忍んでいく。でも闇があまりに深いため、彼は他の次元でその仕事を続けていくことを必要とされているの。

D：では、あなたがそのヴィジョンを見たことは彼にとって驚きではなかったのですね。

A：ええ。彼はわたしが心から打ち明けた話を聞いて理解し、受け入れてくれた。そして愛をもって歩み、光の道を進みなさい、恐れに立ち向かいなさいと言ったの。恐れがあってはならない、恐れは人の内に闇を生みだすから。真実は愛と光だけだ、と。

D：（彼女の感情はわたしにとっても苦しいものだった）彼に話せて良かったですね、あなたがどう感じているかをわかってもらえたから。アブラムへの愛情についても話したのですか？

A：ええ。でもナザレンに再会したら、口を開く前から、自分のすべきことはわかっているという確信と大きな目的意識がこみあげてきた。でも彼はわかってくれたし、そうした感情をわたしに経験させる必要があったの。だってそれは、自分の試練を受け入れて正直でいる限り、大きくなっていく献身的な想いだから。彼は愛と真実をもってするのなら道を変更してもいいんだよ、と言ったわ。彼はわたしにあらゆる感情を経験してほしかったの。それを経験した上でわたしが他の道を選ばないのだとしたら、それはわたしの通過儀礼《イニシエーション》の一環だったのだと。

D：では彼はあなたがどうするかは、あなたに任せているのですね？

A：もう決めたわ。この決断は言葉にする前から、つまり彼に会って話をした瞬間にわたし自身の心《ハート》とマインドの中でくだされていたの。だから決めたの。彼と共に歩み、彼のところに留まるって。わたしが望むのは奉仕することだけ。そうすればわたしも上昇《アセンション》し、次なる次元での繋がりと成長を新たにすることができるかもしれない。

D：あなたの今後について彼は話してくれましたか？

A：この村に留まりなさいと言われたわ。信仰と本物の感受性を備えていれば、次に自分がどこで必要とされているかわかるはずだ、と。

D：では今度は彼と一緒に来るなということですね。

A：ええ。わたしはとても強くなった気がする。自分の決断が**とても**嬉しいの。それをはっきりさせるために彼に相談する必要があったし、自分の見たヴィジョンが、そして自分の感情が、闇からではなく愛と光から来ているものだと知る必要があったの。彼はわたしが真実を求めて正直である限り、恐れや闇が主導権を握ることはないと安心させてくれたわ。

D：あなたが感じているものはとても重要なもの、とても大切な感情なのですね。今後どうすべきか整理がついたようで良かったわ。でもその村に留まるということは、アブラムと顔を合わせる日が続くということでしょう？

A：ええ、でも今はずっと楽になったわ。自分の使命がわかったから。わたしの主たる目的は学びを続けること、苦しんでいる人たちの痛みを癒やし和らげることだとわかっているから。あのらい病患者の村にまた行くつもりなの。わたしは強い心を持ち、健康でいられるわ。病人や混乱している人たちの重荷と痛みを軽くする手助けをすることが、わたしの使命だから。それにわたしの愛情をどうしようもなく必要としている孤児たちもいる。そうしたことが真実と愛と光の目的なの。それがわたしの目的なの。

D：ナザレンの信奉者たちはそれぞれの旅を続けることになっているのですか？

A：通常はグループで旅に出るの。遠い距離を一人で移動するのは滅多にないことだから。

D：では、あなたは他の誰かと一緒にそのらい病患者の村に行くのですね……ナザレンと一緒ではなく？

A：もうこれからは……（声が震え、泣きだした）あまりナザレンと連絡は取れなくなる気がする……肉体を持つナザレンとは。でも彼はずっと繋がっていられると約束してくれたわ。

D：彼がいなくても、そうした村に戻ることを彼はあなたに望んでいるのですか？　そうして彼が始めた仕事をあなたが続けることを？

A：彼はそうは言わなかったわ。この道を進むことが自分の望みだと感じているの。進んでいくうちに明らかになってくることなのだと思うわ。彼も言っていたけれど、自分の道や目的は進んでいくうちにわかってくるのよ。それは明らかになってくると強く信じているわ。

D：らい病が感染するという不安はないのですか？

A：ないわ。以前にも行ったことがあるもの。恐れをもたずに生きていれば、マインドも体も魂も健康でいられるの。本人が自覚しているかどうかに関わらず、あらゆる病気や疾病は恐れが生みだすのよ。

D：それは興味深い考え方ですね。それも彼から教わったのかしら、恐れが病気を生みだすと？

A：ええ。両親が住む村にいた小さな頃、わたしは何度もこっそり抜けだして秘密の集まりに行ったわ。そこでこのことを知ったの。彼が教えていたことの一つよ。

D：でも、病気のなかには避けられないものもあるとわたしたちは考えますよね。彼はそうは思っていないということかしら？

A：ええ、でも自分の内にある**源**を信じなければいけないわ。「源」は神が宿る中心、ハートセンターのことよ。恐れをもたずに生きていれば、その肉体を強力な癒やしの保護で囲み、その人自身を保護層で包むことになるの。自分に恐れや闇を招き入れてしまうと、そこに病気が増殖するスペースを開けることになる。人はマインドや肉体の病気をすべてコントロールできるのよ。

D：それも彼が人を癒やす方法の一つなのかしら？

A：そうよ。彼のもとに来て癒やしを求めた人たちは、自分の心《ハート》とマインドに癒やしの**道**を作ったの。それは**彼の**エネルギーと繋がることなのよ。なぜなら彼らは自分自身で信頼という信念を既に打ち立てていたから。そうして恐れと闇を消し去ることで、癒やしを受け入れることができたのよ。だから、いくらナザレンに癒やしの力があるにしても、病気を患っている本人が恐れや病気を手放す自分自身の力を内に宿してなければ意味がないの。もし本人が癒やされる運命、人生を続ける運命にない場合、その人は楽に移行して真実の平和と愛の内に上昇し、次のステージに進むはずよ。

D：彼は癒やされたくない人や病気を自覚していない人のことも癒やせるのかしら？

A：過去にね（くすくす笑って）彼が病気の鳥を癒やしたのが見える。彼は嘘をついている人や彼を試そうとしている人を見抜いて、それを暴くのよ。でも心に忠実にやって来る人に対しては彼も癒やすことができるけれど、癒やしを制止している理由があれば話は別よ。彼は相手にその理由を話すの。

D：彼を試そうとする人たちがいたのですか？

A：ああ、それはもう彼は何度となく試されたわ、色々な場面でね。地下に身を隠していたときでさえ、たまに潜入者が現れた。でも彼はあまりに純粋で感受性が強いから、試されようとしているときは一目瞭然なの。

D：あなた自身が目撃した出来事を話してくれますか？

A：覚えているのは、ある兵士がエルサレムで、物乞いにお金を払って癒やしに関する嘘をつかせたの。ナザレンはその詐欺行為を見抜いて、兵士のことまで暴いたのよ。

D：そんなことをして、その兵士に何の得があるのかしら？

A：その兵士は民衆を彼に敵対させたかったの。彼の言葉に耳を傾け始めていた人たちをよ。

なぜなら、ローマ人たちが脅威を感じていたから。彼の……（言葉が思いつかなかった）。

D：彼の能力に？

A：そう、彼の能力に脅威を感じていたから。でも民衆は耳を傾け始めていた。

D：そこで兵士が物乞いにお金を払って……癒やされたふりをさせたのですか？

A：一度は癒やされたけれど、感染症が再発したと嘘をつかせたの。傷が悪化していたわ。わたしの記憶では。その物乞いは民衆の前に出て悪化した傷を見せ、彼らが「イエス」と呼ぶ男に治してもらったと話したの。でも、これがその後に悪化した傷だと。ナザレンは民衆にことの全容を話し、兵士のことまで指摘したわ。すると民衆が兵士に向かって石を投げ始めたから、ナザレンはとても胸を痛めていた。あと、目の不自由な男性が連れてこられたこともあったけれど、ナザレンは彼を癒やせなかったの。彼はその男性が視力を取り戻せない理由を、群衆に向けて説明したわ。

D：どういう理由だったのかしら？

A：その男性が今生でした行いが理由だったのだけれど、彼は失明という教えを受け取ったのよ。失明したことで、彼は自身の内側を見つめることになり、内面の闇と恐れを癒やす機会、真実に生きるための光を自らに通す機会を与えられたの。目が見えていたらはっきりとしたヴィジョンが見えないから。その男性は何年も前に何か酷いことをして、事故で失明したの。でもそれで命は助かった。ナザレンが詐欺師に見えるように目論んだ彼は、反対に愛と理解に満たされて失明を受け入れたわ。すると彼の**内側**で何かが癒やされ、彼は自分の人生を受け入れて奉仕に目覚めたの。

D：彼が人を癒やせないとき、民衆はどんな反応をするのかしら？　いつも**必ず**癒やしを起こせるわけではないと知って、怒ったりするのですか？

A：癒やしを起こせないときは、理由を説明するの。その理由は真実にあふれているから、疑問の余地がないほど納得できるものだとわたしは思うわ。でもローマ人や神殿のユダヤ人たちは彼をとても恐れているから、彼は自分が受け入れられ、求められている村々で奉仕することを選んだのよ。

D：では彼はエルサレムからは離れていようとしているのですか？

A：ええ、彼の進化を損なうから。

D：彼が癒やし以外に何か非日常的なことをするのを見たことはありますか？

わたしは聖書にある他の奇跡のことを考えていた。彼女は考えこむように沈黙した。

D：個人的に見たことがなければ、そういう話を聞いたことはありますか？　彼が普通の人ならできないようなことをした話は？

A：彼の手から光を見たことはあるわ。彼が人々の魂を、ハートを癒やすところを。それに……普通の人なら切り抜けられないような命の危険を彼が切り抜けたところを見たこともある。

D：具体的に話せる話はありますか？

A：(深いため息）ローマの兵士たちに連れていかれて、神殿の地下エリアで拷問されたことを知っているわ。成人男性には小さすぎる手押し車に入れられて、峡谷に投げ落とされ……死ななかった。あの頃以来、彼は様々な村で身を守られているから、もうああいった出来事を話すのはつらい。彼は物理的な危険を乗り越えてきたけれど、癒やしや、食べもの、人々の必要を満たすすべを見つけたことに本当の奇跡があるのよ。

D：その兵士たちはどうしてそんなことを？

A：彼が大きな力を得ていたから、何とかして彼を破滅させようとしていたの。ローマの法やその法に基づく生活の平等性、公平性に疑問を抱く人たちが彼のもとに信奉者としてたくさん集まり始めていたから。民衆の勢力が増し、反逆の話が出るようになっていた。なぜなら、ローマ人のやり方は同胞を扱うやり方ではなかったから。だから兵士たちはナザレンを破滅させて他の者たちに責任転嫁しようとしていたの。

D：彼らにはそうする権限もないのに？

A：承認を得ていたの。王からの承認を。（悲しげに）でも彼らはいつか遂行するわ。充分な数の後ろ暗い人たちを見つけて、うまくやり遂げると思う。

D：先ほどの拷問されたときの話だけれど、彼は逮捕されたのですか？　どういう経緯だったのかしら？

A：（彼女は未来の出来事を考えていたので、わたしの質問が彼女の注意を過去の出来事に引き戻したようだった）。ああ、そうだったわね。彼らは騒ぎを起こさずに彼を連れていったわ。友好的に見せかけていたけれど、実際は誘拐だった。法廷の地下には迷路や小部屋があるの。彼はそこに連れていかれ、脅迫や拷問を受けた。彼らはそれで充分こらしめたと思ったけれど、彼が屈しないと気づいてからは、町に潜入者を送りこんで使えそうな人間を手当り次第に捜したの。報酬につられる人はたくさんいるわ。ローマ人に従うたくさんの貧しい人たちが喜んで兵士の言いなりになった。

D：彼らは拷問してから彼を小さな手押し車に入れたって言いましたね？

A：ええ、木箱に押し込んで峡谷にそのまま落としたの、これで確実に殺せると信じて。でもそうはならなかった。だから今度は町に潜入者を忍ばせ、人々にお金を握らせて彼の評判を落とさせよう、彼を実際とは違う人間に仕立てようとしているの。報酬につられて、同胞を引き渡す人間はたくさんいるわ。もちろん、彼らはそれを神殿の人たちのせいにするでしょうしね。彼は神殿の人たちがローマ法廷内の人たちと同じくらい冷酷で策士だと気づいたから、自分の道を進むことにしたの。

D：峡谷から突き落とされても死なかったのだから、ローマ人も態度を変えそうなものだと思うけれど。

A：ローマ人は恐れを**募らせている**わ。こうして人目につかない村が形成されつつあることを知っているから。彼の信奉者は増えている。彼が癒やしを起こすたびに、たとえばあの盲目の人みたいに内なる闇を抱えた人が変貌するといった何かが起こるたびに、信者が増えるの。ナザレンはローマ人の手下が自分を酷い目に遭わせようとしていることがわかったら、それを承知の上で彼らと対峙するの。彼は自分に反対している者が誰だかわかっている。だからそれが誘拐だとわかっていたときでさえも、政府の支配層を癒やすチャンスがあるかもしれないと考えて連れていかれた。この地球上で受けるべき彼自身の学びを受けるために、彼は自らの肉体にそれを経験させることを選んだの。

D：それが起こることをわかっていたから、理由があってそうしたというわけなのね。彼が死ななかったのを知って、ローマ人たちは彼が普通の人間ではないと理解しなかったのかしら。

A：それがより明らかになったから、彼らは町での潜入活動に拍車をかけたの。彼と民衆を対立させなければ、自分たちの命が危ないことをわかっているから――自分たちが力を維持できないとわかっているから。だから彼の生存後、彼らはさらに恐れを抱きながら暮らしているわ。

D：だから彼は、すぐにエルサレムに戻ろうとはしないのですね。

A：ええ、でも彼を必要としている人たちがいるから、戻ることになるわ。彼は自分の計画と使命を実行すべきだとわかっているから、戻るつもりよ。

D：そういう理由であなたをエルサレムに連れて帰りたくないのかもしれないですね。

A：わたしが見たヴィジョンを話したとき、彼はそれが真実で明瞭なヴィジョンだと言って、彼についてくる必要はないと言ったの。わたしの使命は、自分が必要とされ、奉仕できることの村に留まることだと。わたしはここで成長し、次に進むべき道が明らかになってくる。でも彼がわたしについてきてほしくない**理由**はわかっているわ。わたしにその場所にいてほしくないのよ。わたしたちには何が起こるかわかっているから、行くべき理由がないの。

D：彼を捜している人たちがいるから、あなたを連れていきたくないのかと思っていたわ。

A：それもあるけれど、わたしには行くべき理由がないのよ。

思いがけず、アンナはこのセッションで顕在意識的には知りもしないイエスの失われていた物語を語った。エルサレム入城の日、イエスがエルサレムに戻ることを決意したとき、弟子たちは彼の身の安全を危惧したが、聖書はその理由を明らかにしていない。ところがこれで、なぜ弟子たちが彼のエルサレム入りを心配したかが判明した。彼はそれまでにも何度か拷問や瀕死の経験をしていたのだ。

ナザレに留まれば、彼は安全だった。そこはピリポ（ヘロデ・アンティパスの兄弟）の領地で、エルサレムの支配者たちの権力が及ばない場所だったからだ。カペナウムの町でもヘロデ・アンティパスを避けることはできた。ローマ人たちは通常、それほど遠方までエルサレムの要塞から軍を派遣することはなかったからだ。それにイエスはもし自分や弟子たちのためにそれを望めば、人目につかない小さな村々に身を潜めることもできたはずだ。大きな都市から離れたそれらの共同体でなら、もっと大っぴらに教えを広めることができた。しかし、ガリラヤ湖周辺の洞穴での集会のように、場所によっては潜入者がいる可能性を考慮して、より慎重に振る舞うべきなのを彼は承知していた。

事前に集会の主催者たちと話し合い、危険をもたらしうる地域を調べるのはヨハネの仕事だったに違いない。危険の可能性があれば、秘密の集会が準備されていたのだろう。イエスは闇雲にそれらの地を訪れていたわけではない。各地に入る前に、グループの安全確保に関する情報をヨハネから得ていたのだ。らい病患者の村は人々から避けられ、彼が率いるグループのように無私無欲の献身的な人たちだけが勇気と思いやりを持って出入りしていたので、彼はそこでは安全だった。そうした場所では、ローマ人に送り込まれた潜入員から盗み聞きされる心配もなかった。そこでは気を休め、傍目には普通の生活を送ることもできた。だからこそ、彼はそうした孤立した場所を捜し歩いていたのだろう。

エルサレムには多種多様な人種、宗教が存在し、その多くはイエスの教えに対する理解に苦しんだ。ユダヤ人の間でさえもスピリチュアルな見解、精神的見解は変化に富み、異教的見解さえあった。そのうちの民族主義者は多くがガリラヤ出身で、神と民衆、神とエルサレム、神と神殿は切っても切り離せないものと考えていた。彼らはそれらの結束に従わないものにはことごとく強い義憤を覚えた。そうした背景によりイエスは、民族主義者からは愛国心に欠けると見なされ、サドカイ派からは昔気質すぎると言われ、パリサイ派からは進歩的すぎると見なされ、一般市民からは厳格すぎると見なされたのだ。あらゆる人々に受け入れられる者になるには、じつに厳しい時代であった。

イエスの時代における唯一の教育は「宗教教育」だった。彼らはモーセの律法が最も重要な教えであり、それのみを生活や思考の指針にすべきだと教わった。ユダヤ人は自分の頭で考えること、ラビや祭司に疑問を持つことなど教わらなかった。イエスは彼らが受けた唯一のその教育に反対することを唱えたため、エルサレムでは疑いの目で見られていた。彼はまったく違う考え方に耳を傾けることを民衆に求めたが、彼らの多くはそうすることができなかった。彼の斬新かつ抜本的な教えを広めるには、自分の受けてきた教育とは対照的な考えに耳を傾けることのできる辺鄙な村々のほうが遥かに容易だったのだ。

それまでの人生で教わってきたこととは真逆の考えに耳を傾け受け入れることは、民衆にとって容易ではなかった。彼らの多くはイエスのことを危険な過激派だと考え、彼の教えを狂人の長ったらしい演説だと思っていた。歴史家は、イエスの有名な山上の垂訓はエルサレムでは決して実行できなかっただろうと主張する。同地は伝統の温床だったからだ。その垂訓は、伝統や言葉どおりの律法の奥にあるものを掘り下げ、古い格言や真実の新しい拡大解釈を発見する機会を聞く者に与えた。そうした精神は当時のユダヤでは見られないものであったが、カペナウム地方では期待されるものであった。

イエスはラビや祭司や伝統を重んじるユダヤ人を敵に回した。彼は神殿の祭司たちが儀式や祭礼のしきたりに固執しすぎると考えたからだ。彼らは民衆が抱える問題や心配事から目を背けた。イエスがそこに見た確執は、ローマの独裁政治と、自分たちを神の選民だと考えるユダヤ人の信念の間にある確執より大きなものであった。

パレスチナの人々にはローマ人を恐れるもっともな理由があった。イエスの時代、ヘロデ・

アンティパスによる統治が始まった頃、ユダヤ人の一部が反逆を試みた。それはローマ人の圧倒的な戦力によって抑えられ、二千人ものユダヤ人が磔刑の処罰を受けた。民衆は厳しい統治者による圧政のもとで生活していたが、彼らがそこから脱するのを助ける救世主、救い主への希望を捨てていなかった。その希望は、彼らが政府を転覆させ、失われた自由を奪還することだった。

熱心党はそうした民衆の感情を利用して自分たちの大義を煽った。彼らはイエスが文字どおりの新王となって、祖国を解放するための戦争で彼らの味方をしてくれるだろうと考えた。イエスの温厚なやり方と愛の説法は彼らを怒らせた。彼らは暴力が解決への答えだと考えていたからだ。イスカリオテのユダは熱心党に所属していたと今では考えられている。そのことも、ユダがイエスを裏切った理由の一つだ。つまりユダは戦わざるを得ない状況にイエスを追い込むことができると考え、民衆も彼に従うだろうと踏んだのだ。ローマ人たちはエルサレムの不安定な状況を敏感に察知し、主導者となりうる者が起こす危険の可能性も承知していた。

エルサレム入城の日、群衆の歓声に迎えられてイエスが同地に入ると、ローマ人はいかなる手段を講じても彼を捕えるべきだと考えた。イエスに対する民衆の支持は彼らにとって脅威となるほど高まっていたのだ。民衆はイエスのことを長らく待ち望んだ救世主だと認め、彼らをローマ人による隷属から解放してくれる救い主だと考えた。彼こそが重荷を取り払ってくれるのだと。権力者たちは、このイエスという男が民衆を反逆へと扇動することができると考えた。この温厚な男には我慢ならない。消してしまうべきだと。

わたしが調査したところによると、エルサレムの地下エリアには古い通路や秘密の小部屋が入り組んでいる。このエリアと二つの壁のセクションは、聖書の時代の町がそのまま残っている唯一の場所だ。神殿の遺跡の下には数多くの小部屋があった。その一部はローマの兵士たちが神殿の角の要塞から他のエリアに向かう秘密の移動手段として使っていた。一種の防御手段だ。ナオミが話していたのはこのエリアだと推測できる。イエスはそこに連れていかれて尋問、拷問を受けた。彼の抜本的教えをやめさせようと威嚇するのが目的だった。

イエスが投げ落とされたという峡谷は、この古代都市に言及するあらゆる歴史データに名が挙がっている。イエスの時代、エルサレムは橋が架けられたチロプオン渓谷と呼ばれる峡谷によって分けられていた。神殿の巨大な城壁の東側にはケデロンの谷があり、この谷にもオリーブ山から橋が架けられていた。歴史家ヨセフスによると、このケデロンの谷は城壁から見下ろしても谷底が見えないほど深かったという。歴史家の調査によると、イエスの弟ヤコブは城壁から峡谷に突き落とされて殺害されたという。イエスの十字架による死を受けて騒然としていた頃のことである。これらの渓谷、峡谷は現存しない。

イエスがローマ人による拷問や殺人未遂を切り抜けられたことが真実であるのなら、逮捕や磔刑からも逃れることができたはずだ。彼が死んだのは、自らそうなることを選んだからだ。聖書でも彼は言っている（ヨハネによる福音書第十章十七、十八節）。「わたしは命を、再び受けるために捨てる。誰もわたしから命を奪い取ることはできない。わたしはそれを自分で捨てる。わたしは命を捨てることもでき、それを再び受けることもできる」。もし彼がこれは上昇《アセンション》のときだと決断していなければ、そしてそれが彼の人生の定めに合わないと考えたのならば、ローマ人たちに自分を殺させなかったはずだ。ナオミの話からわかるのは、彼は自らの肉体をコントロールする大いなる力を持っていたということだ。彼ほど進化していない者なら死んでしまったであろう状況を切り抜けられるほどの力を。彼は自らの寿命を、そして死に方をコントロールできるほどに自分の使命を知り、理解していたのだ。

第10章

ナオミが語る磔刑

次のセッションができるまでに一か月かかり、一九八七年のクリスマスになろうとしていた。アーカンソー州の冬は悪天候で積雪も深くなることがあるため、冬の間はあまりセッションを行わないようにしていた。日が沈んでから山道で立ち往生するのはいただけない。オザーク山地では冬ごもりの時期になるのだが、わたしはナオミが語るイエスとの交流の話を完了させたかった。わたしは当時、ノストラダムスに関する最初の二冊を執筆中で、その興味深く複雑な情報に完全に没頭していた。

セッションとセッションの間にどれだけ時間があいても問題などないことがすぐにわかった。毎回アンナは中断などしていないかのように的確な時点で話を再開できたからだ。中断している間、彼女は日常生活を続け、退行のことなど考えもしなかったという。セッション続行への抑えがたい衝動がないということは、この退行が空想ではないことのさらなる証拠であった。彼女の多忙な生活の中で、退行セッションはほぼおまけのようなものだったのだ。退行に対する彼女の注意力はセッションのときのみ集中していた。催眠状態から覚めると、アンナは混乱と不信を示していたが、家に戻るとその注意は再び日常に注がれた。ナオミは潜在意識の奥まった場所、時間の彼方に引っ込んだ。

イエスはナオミに村に留まるよう告げたため、彼が十字架にかかるときに彼女はエルサレムにいないだろうと思われた。彼女もそこにいたくはなかっただろう。彼と親しく交流していた人なら誰でも、そのような恐ろしい光景など見るに堪えない、胸が張り裂けるような経験になったに違いない。ナオミは現世のアンナと同じくらい繊細で慈悲深い人物のようだったので、そのような光景など見ていられなかったはずだ。しかし、彼女はその知らせを聞き、実際の出来事に関して様々な話や噂を聞いたのではないかとわたしは考えた。そうした話から多くを知ることができると思ったわたしは、アンナのキーワードを用いてまた時間を戻した。

D：ナオミがベン・ダビデの家に滞在しているときまで時間を戻しましょう。彼女がイエスと話し終えた場面です。そのときまで戻ってください。今は何をしていますか？　何が見えるかしら？

A：わたしは木にもたれている。散歩に出たの。考え事をしていて、自分の未来がよりはっきりと見えたみたい。

D：それを話してくれますか？

A：（悲しげだが、以前のように感情的ではなく、覚悟を決めた落ち着きがあった）わたしはナザレンの奉仕の旅を続け、助けを必要としている住人がいる村々で奉仕するべきだと知っている。あのらい病患者の村に行って奉仕するべきことも。わたしが見るヴィジョンは真実にあふれていた。そしてわたしは、ナザレンとの時間が終わりに近づいていることも知っている。

D：どういうことですか？

A：彼が肉体としてわたしたちと過ごす時間はもう長くないと知っているの。

D：それは、あなたが見たヴィジョンが起こるからですか？

A：ええ。彼はわたしが真実を見たのだと言ったわ。そして、人々と歩む彼の使命と目的は終わりに近づいているのだと。なぜなら、彼の目的はその肉体においてはほぼ終わりかけているから。

D：あなたは今後どうするか決めましたか？

A：必要とされる間はこの村に留まるわ。その後は、大半の人が行かないような地域で奉仕をしている小さなグループと一緒に旅に出るつもり。最も必要とされる場所で奉仕したいの。一年中、旅に出ているグループがあるから、それに同行するのがわたしの運命だと思う。

D：ナザレンはもう村を出たのですか？

A：朝に出発するはずよ。

D：どこに向かうのかしら？

A：あと一つ長旅に出るつもりだと思うわ。それからエルサレムに向かうはずよ。会うべき人たちがいるから。

D：どういった人たちが待っているのかしら？

A：信奉者の何人かと会わなければいけないの。彼に危害を加えたがっている人たちがもうすぐやって来るらしいから。それに備えなければいけないし。

D：彼は自分が知っていることを何かあなたに話してくれましたか？

A：いいえ、はっきりとは話さなかった。わたしが見たヴィジョンは真実だとしか言わなかったわ。わたしたちは連絡を取り合えるけれど、もう肉体を通してではないのだと。

D：朝になったらあなたも一緒に出発するつもりだったのですか？

A：いいえ、彼はそれを望んでいない。今はこの村に留まりなさいと言っていた。彼はわたしが長旅に出て奉仕することがとても大切だと考えているわ。安全で健康でいられる場所のほうが、理念のために、そしてスピリットのためにより良い奉仕ができると。

D：あなたはいつも彼があなたに望むことに応えたいと思っているのですね。

A：ええ、そうするのが難しいときもあるけれど。ここでは本当に自分が必要とされているのだとわかる。すごく年老いた気分になるときがあるわ。自分の決断に関しては心穏やかでいられるけれど、あのヴィジョンがあまりにも明瞭だったから、何が起こるかを確信しているの。それが神の思し召しだから、心を強くもって受け入れるわ。

D：そうですね。彼自身も何が起こるかを知っているのなら、そうしようと思えばそれを避けることもできるのでしょう？

A：でも彼は目的があってこの地に送られてきた。わたしたちは皆そうだけれど。彼の目的は果たされたの。だから彼は上昇《アセンション》することで成長を続け、この肉体に留まるよりも遥かに良いことを成すんだわ。彼は**自分自身の**スピリットの成長のためにそうするのよ。

D：ご両親に会うためにエルサレムに戻りたいと思いますか？

A：思うけれど、それはまだ先になるわ。

D：では、彼が旅立つ朝まで時間を進めましょうか。彼が旅立つ前に会えましたか？

A：（泣きそうな悲しい口調で）ええ。数人が彼と一緒に旅立つの。（聞き取れないほどの小声で）でもわたしは……とても苦しい。（泣きだして）だってわかっているから……彼の行く道が**痛み**と**誹謗中傷**にあふれるとわかっているから。それなのに、彼の目は優しさと慈愛に満ちているの。彼のハートセンターと頭の周囲にあの黄金の光が見える。（声を震わせて）

言葉が見つからないわ。今回は彼を見送るのがつらい。

彼女の感情が伝染した。口を挟むのはつらかったが、話を先に進めなければいけない。

D：でも彼らはまず長旅に立つのですね？

A：ええ……これが彼にとっては最後の長旅になるわ。

D：彼はあなたに別れを告げましたか？

A：（穏やかに）ええ。彼はわたしの顔に触れて見つめ……心《ハート》とスピリットに導かれるがままに進み続けなさいと言ったの。それが真実だからと（泣きだす）。

D：あなたが彼をとても慕っていたのはよくわかるわ。だからとても感情が揺さぶられるのですね。でも彼のような人に出会えたのは素晴らしいことだわ。ではその場面を終えて先に進みましょう。もし次の機会があったのなら、彼に再会して交流ができた場面に進めるかしら。

彼女は彼が亡くなる前にまた会えることはないと確信していたので、わたしは次の機会などないだろうと思っていたが、一応確認すべきだと考えた。彼女がエルサレムに行って磔刑を目撃し、証人としての話を聞かせてくれる方法があるかもしれないとわたしは心のどこかで願っていたのかもしれない。

D：彼とまた会えたときまで時間を進めましょう。

わたしがそう言い終わらないうちに、彼女は感情を爆発させて号泣した。彼の死を目撃したのかと思った。

D：大丈夫ですよ。苦しすぎるのなら、第三者的な視点で観察することもできるわ。何が起こっているのですか？

A：（涙を浮かべて）わたし……ああ！

D：どうしたのですか？

A：わたしは道端にいて、らい病患者の村に入ろうとしているの。彼は逝ってしまったけれど……その、彼の肉体は死を迎えたけれど、そこに……彼が見える！　そこに彼がいるの！

D：どんなふうに見えるのですか？

A：（泣きながら）**同じ**姿よ。外衣だけは新しくなっているけれど、**同じ**に見えるわ。

D：肉体があるようにということですか？　亡くなって久しいのかしら？

A：ああ、もう何か月も経った気がするわ。

D：何が起こっているのですか？

A：（感情にのまれそうになりながら）彼は……彼は口ではなくマインドを使って話しているわ。あなたといつも共にいる、あなたのことを愛していると。奉仕の道を進み続ける強さをもったあなたを誇りに思うって。自分のことは心配せず、助けが必要な人を助けなさいと。それを伝えたくて、今このときを選んであなたの前に現れたのだと。

D：その道で彼と二人きりなのですか？

A：ええ。休憩のために村から出てきたの。いつもそうして散歩に出るのよ。そうしても安全だから。考え事をしたり、しばらく一人になりたいときは少し散歩に出るの。

D：では彼を見た人は他にいないのですね。長い時間コミュニケーションができたのかしら？

A：いいえ、でも彼はいつもそばにいる、わたしのそばにいて姿を現すと教えてくれたわ。今はより良い場所にいて、そこですることがある、そこで必要とされているのだと話したわ（微笑んで）。

D：それで歩み去ったのですか？

A：（穏やかに）姿を消したように見える。もう道にはわたししかいないわ。

D：彼の最期に何が起こったか、話を聞きましたよね？　話してくれますか？　あなたはそこにいなかったのでしょう？

A：（まだ感情が昂ぶっている）ええ。でも聞いた話によると、ローマの兵士たちが来て彼を逮捕したらしいわ。それで彼は有罪になって（聞こえないくらいの小声で）、彼らに……殺されたの。

わたしは聖書の物語を知らないふりをして質問を続けなければならなかった。彼女の話に影響を与えないため、彼女自身の先入観のない話を聞くためだ。

D：彼の友人たちにできることはなかったのかしら？

A：彼らは力不足だった。相手以上の強さ、力がなければ、ローマの兵士たちには立ち向かえないわ。

D：でもローマ人たちは何の理由もなしに誰かを殺すことなどできないでしょう？

A：彼らの言い分は、ナザレンがローマ人に、つまり政府に不敬を働いたというものだったわ……それに宗教的指導者のなかには、ナザレンが神と彼らの教えに対して冒瀆的だと感じる人たちもいたの。あの人たちは政府や神殿に対抗するような教えを説く男を生かしてはおけないと考えた。それにあの人たちは彼が……あの人たちは……（声が震えて言葉にならない）。

D：あの人たちは何と言ったのですか？

A：（落ち着きを取り戻して）あの人たちは彼の言っていることには真実のかけらもない、彼は人々に嘘をついているのだと考えた。あの人たちは彼には奇跡を起こせないと言ったわ。彼に奇跡を起こさせようと強要までしたのよ。でも彼にはできなかった。それに暴動が起こっていた。彼の信奉者たち、少数の信奉者たちが兵士と闘った。手荒い目に遭って死んでいく人たちもいたの。

D：ローマ人の糾弾を受けて、彼の信奉者たちが歯向かったのですか？

A：彼を守ろうとしたの。

D：彼の逮捕を妨げようとしたということですか？

A：ええ、でも数が足りなかった。

D：それで何人かが道端で死んでいったのですか？

A：ええ。兵士たちが争いを始めて、街中が騒ぎになったわ。庶民が踏みにじられ、兵士たちは手当たりしだいに攻撃した。

D：彼らはナザレンに奇跡を起こせと強要して、彼はそうできなかったと言いましたね？　彼には起こせなかったのかしら、それとも起こそうとしなかったのかしら？

A：わたしは……（断固とした口調で）起こそうが起こすまいが、あの人たちは彼を殺す口実を何としてでも見つけたと思うわ。彼は誰にでも奇跡が起こりうることを知っていたと思う。でも自分に癒やしが起こりうること、物事が変わりうることを信じなければ、その人に奇跡は起こらない。盲目の人が見えるようになりたいと思っていないのなら、ナザレンには、その人が見えるようにはできないのよ。あるいは、その盲目の人に何かすべきことがある場合も見えるようにはならないわ。

D：その人たちは彼を試そうとしたのですね。

A：彼が乗り越えられない試練を与えたの。彼もそのことをわかっていた。自分がどうなるか知った上であの旅に出たのだもの。彼は何が起こるかを**知っていた**。あの人たちが彼に乗り越えられる試練を与えるはずはないわ。彼らはあまりに恐れていたから。

D：それでなくても、そのような状況で奇跡を起こすのは難しかったでしょうね。

A：ええ。それに彼はそれが目的で人々を教え導いていたわけではないもの。あの人たちは彼を裁判に……形ばかりの裁判にかけた。そうして彼の……死刑を企てたのよ。

D：彼がどのような死刑に処されたか知っていますか？（ナオミは深いため息をついた）こ

の質問に答えるのが苦しいことはわかっているけれど、どういった話を聞いたのか教えてくれるかしら。

A：彼らの処刑は……木の十字架を使うの（「十字架」という言葉は、ナオミには馴染みのない言葉のようだった）。そうやって人々を殺すのよ……この時代においては最悪のやり方で。その木の十字架を立てて、人をその上に釘で張りつけるの。そうして息絶えていくのよ。彼らは**たくさんの人を**そのやり方で処刑するの。とくに民衆に見せしめにしたい人を。彼らは恐怖心を利用して民衆を支配できることを確認したがるの。

D：恐ろしいやり方ですね。そのとき何が起こったか、他の話を何か聞きましたか？

A：色々な話を聞いたわ。何が本当に起こったのかわからないくらい。彼が十字架の上で息絶えるのを見たという人もいるし、その夜だったか翌日に彼が姿を現すのを見たという人もいる。あと彼の遺体が見つからなかったという話も聞いたわ。本当にたくさんの話を聞いた。

D：彼が息絶えた瞬間、実際にその場にいた人の話は聞きましたか？

A：ええ。十字架にいる彼を見た人たちと話したわ。

D：彼が息絶える前に何が起こったか聞きましたか？

A：彼はどういうわけか痛みをコントロールすることができたと聞いたわ。

D：それは良かったですね。彼は苦しまなかったということですものね。

A：彼のハートセンターと頭の周囲にわたしが見たあの輝きを見た人たちもいると聞いたわ。あの同じ黄金の光を見たと。十字架から降ろされるとき、彼の顔には穏やかさがあったらしいわ。（考えにふけるように）その後に彼が姿を現すのを見た人たちがいるとも聞いたの。

D：十字架の上には長時間いたのかしら？　その方法で息絶えるまでにはすごく時間がかかると聞いたことがあるけれど。

A：時間のことは覚えてないわ。どうだったかしら……

D：ともかく彼は痛みをコントロールできたのですね。

A：ええ、その話はたくさんの人から聞いたわ。彼の穏やかな様子を見て驚いていたもの。まるでそこにいないようだったと（沈黙）。朝になって……彼は早朝に降ろされたと聞いているわ。

イエスが苦しまなかった、痛みを感じていないようだったという話は『イエスとエッセネ派』でも報告されている。肉体から離れ、自分をそこから引き離したかのようだったという話だ。どんな方法であれ、彼は肉体が経験していることから自分自身を引き離すことができるほどに進化していたのだ。イエスは磔刑による死の通常の所要時間より遥かに短い時間で息絶えたという報告もある。つまり彼は、肉体を完全にコントロールできたのだろう。

D：彼の遺体が見つからなかったと話していましたね？
A：そう聞いたわ。
D：どういう話だったのですか？
A：遺体を安置させて覆ったと聞いたわ。兵士たちが見張りをしていたらしいけれど。
D：どうして見張りが必要だったのかしら？
A：ローマ人たちは彼の信奉者や彼の評判を恐れていたのだと思う。懸念していたから。彼らはナザレンのことを政府の囚人だと考えていたのだと思う。
D：死んでからも？
A：ええ。ナザレンがあれほどの自制心を見せたから、彼らはすごく恐れていたのだと思う。だからこそ、あれ以上生かしておけないと考えたのよ。信奉者たちが遺体を引き取りに行くつもりだったと聞いたわ。
D：だから兵士に見張りをさせていたのかしら？
A：ええ。でも彼らが覆いを外しに行ったら、もう遺体はなかったらしいの。わたしはそう聞いたけれど（奇妙な話だと思ったのか、くすくす笑いながら）、よくわからない。兵士たちも確認しに行ったらしいわ。信奉者と家族はようやく遺体を確認する許可を得たのだと思う。政府もいずれは遺体を家族に返すつもりだったと思うわ。でも確認しに行ったら、遺体がなかったらしいの。実際に何が起こったのかはよくわからない。兵士たちに薬を盛ったか、酔わせた可能性もあるし。信奉者たちが遺体を取り返した可能性もあるわ。遺体が勝手に消えたように見せかける方法はいくらでもあるもの。

D：信じがたい話ですね。

A：ええ。色々な話が飛び交っているわ。でもその場にいなかった人たちの間で……話は膨らんでいくものよ。だから噂が届いた頃には誇張されているものなの。政府も神殿の人たちも信奉者や彼の力を恐れていたし、奇跡や癒やしの噂も聞いていた。彼らは脅威を感じていたから、いずれは彼を始末する方法を考えだしたでしょうね。

D：ええ、彼らはイエスのことを脅威に感じていたようですね。でも彼が誰かを傷つけるようなことは決してしなかったことはわかっているわ。彼が人々の前に姿を現したという話をしていましたね？　それは道端であなたの前に姿を現したようにということかしら？

A：彼はエルサレムで現れ始めたと聞いているわ。

D：誰の前に現れたか知っていますか？

A：いいえ。色々なグループの前によ。いくつかの場所で現れ始めたとしか聞いていないわ。

D：あなたに見えたような姿で現れたのかしら、それともスピリットとして現れたのかしら？　その人たちはたしかに彼だったと言っているのですか？

A：彼が現れて、姿を消したと言っているけれど、同じように見えたらしいわ。たしかに彼だったと。

D：彼に話しかけられた人はいるかしら？

A：（考えて）あるグループの話によると、ナザレンは彼らが赦されたと言ったらしいわ。他の人たちからそういう話は聞いていないけれど、毎回話しかけるわけではなくて、現れるだけのこともあったと。

D：あなた以外の信奉者の前にも姿を現したことはあるのかしら？

A：ええ、信奉者の前に現れ……すべての人を赦す、真実を生きて神の教えを引き継ぐ強さを見つけなさいと言ったらしいわ。

D：「彼がすべての人を赦す」と言ったのですか？　それは信奉者たちのことを指しているのかしら？

A：信奉者のなかの一人……実際には複数の人が彼を裏切ったの。ローマ人は民衆の前で彼を騙す方法を探していたから。

D：それについて聞いた話を教えてくれますか？

A：ローマ人は権力や富をつかませて雇える信奉者を探していたのよ。

D：彼の信奉者のなかにそんな人がいるとは思わなかったわ。

A：自分は信奉者だと言いながら、生活を楽にするチャンスがあれば簡単に惑わされる人たちがたくさんいたの。その多くは後悔なんてしていないわ。

D：彼と親しくしていた人、彼と共に歩んだ人が彼を裏切るなんて考えられないわ。

A：ローマ人は誰が買収できそうか見抜いていたの。

D：彼らはどんなふうに裏切ったのですか？

A：彼を陥れる策略に役立つ情報、彼を訴えて破滅させるのに役立つ情報をローマ人に提供したの。彼が失敗するであろう挑戦を考えだしたりもしたわ。たとえば癒やせない人、奇跡を起こせない人を準備したりして。彼らは民衆の前でナザレンがペテン師に見えるような方法を知っていたの。この男は人々を欺いていると見せる方法を。大勢の人が集まっていて、ローマ人が公衆の面前でナザレンの尋問を始め、彼を非難して愚か者のように見せかけたの。本当にたくさんの人が集まっていた。彼が言われたことをできないと見てとると、群衆は叫んだわ。「皆が噂しているようなことを彼は一つもしていない。彼は……悪魔のような男だ」と。彼らは民衆を暴徒化させた。あれは暴動だったわ。

D：でも以前にも彼らはそういった挑戦を試みたと言っていましたよね？　そのときイエスは黒幕を見抜いたんでしょう？　どうして今回はそうしなかったのかしら？

A：旅立つ時期だとわかっていたからよ。今が上昇《アセンション》するときだと。裏切られたときにはもうそれがわかっていたのよ。民衆が彼の真実と生き方を受け入れるレベルに達していないことを彼はわかっていた。彼は自分の仕事を引き継ぐ人たちが少しはいることも知っていたわ。でもこの世界はあまりにも残酷で粗野だということも知っていたから、もう目的を果たしたのよ。今生の彼はできる限りのことを成した。だから別の次元から働きかけるときがきたの。

D：彼の死後にその姿を見た人の話を他にも聞きましたか？

A：ええ、何か月か経って聞いた話によると、彼がよく訪れていた小さな村々、彼の信奉者が住む場所のいくつかで現れたらしいわ。それで……聞いた話によると……そこで彼は癒しや奇跡を起こしたそうよ。彼らがその姿を見たのはたしかだと思うけれど、彼の信奉者たちが自分のハートに従って真実を生きているのなら、自ら癒やしを起こしているんじゃないかしら。それで彼の姿を見たものだから、彼が癒やしを起こしたと感じているんじゃないかと思うの。でも彼を見たことで強さや信仰を得たのかもしれないわね。

D：それも考えられますね。それで、信奉者たちはどうなったのかしら？

A：彼らは恐れながら暮らしているわ。安全だと感じられる街で暮らしている人たちは地下での集会を続けている。郊外の村に住む人たちは通常の生活を続けているわ。まだ彼の信奉者ではあるけれど、政府がそれを知る必要はないから。布教に出ている人たちは……どのみち誰も彼らが助けている人たちのことは気にしていないから、ある程度は安全に過ごしている。

D：ローマ人は彼らのことを脅威には思わないのですね。

A：ええ。政府はらい病患者や貧しい村々のことなど気にかけないもの。助けるつもりもないし。病人に治療を施したがる人などいないから。彼らはあの病気を恐れている。だからわたしたちは安全なの。

D：主導者のいない民衆が何かをするはずなどないと彼らは思っているのでしょうね。

A：そうだと思う。だから信奉者たちは身を潜めて水面下で動くことができる。そうしながら自分たちにできる最善の方法で教えを引き継ぎ、真実に生きようとしているのよ。

D：色々な話を教えてくれてありがとう。少なくともあなたは彼を**見た**のだから、その話は真実ですね。

A：ええ。それに彼を感じるわ。何て言うか、満たされているの。彼が共にいるのがわかる。

D：ご両親に会いにエルサレムに戻りましたか？

A：（ため息）次回エルサレム方面に奉仕に出るときに会いに行くつもりよ。

D：何が起こったか心配しているかもしれないですね。

A：あちら方面に向かう人に両親宛の伝言を頼んだことがあるから、届いているといいのだけれど。

D：ご両親と話す機会があれば、ことの真相をもっと詳しく知っているかもしれないですね。二人は同じ市内に住んでいるのだから。では場面を変えて、ご両親に会いにエルサレムに行くときまで時間を進めましょう。エルサレムに戻りましたか？

A：ええ。

D：長らく会っていなかったから、懐かしかったでしょうね？

A：ええ。二人は……ああ……わたしはすごく大人になったわ。両親も年老いて、そこには悲しみがある。**静まり返った**悲しみのようなものが。

D：何が原因かしら？

A：政府が混乱しているし、四方八方に引っ張られている感じだわ。両親にとって大変な時期だった。両親はナザレンの言葉を信じていたけれど、本当の意味での信奉者ではなかった。伝統的な教えのようなものを信じていながら、神殿が定める法を信用できなかったの。残酷で不公平なものだから。だから両親は日々を何とか過ごしていけるよう、ただ最善を尽くしている。

D：でも、あなたのお父さんはナザレンの兄弟ですよね？

A：異母兄弟だけれど、父は信条の点で幾分か異なっていたわ。両親はナザレンの死を経験し、彼が偽りの非難を受けていたことを知っているから、心に穴が空いてしまったの。今はただ日々を送り何とか暮らしているように見えるわ。

D：気持ちはわかります。彼が亡くなったとき、その場にいたのかご両親に訊いてもらえますか？

彼女はまるで二人に質問し、返ってきた答えを繰り返すかのようにゆっくり話した。

A：（悲しげに）両親は十字架にいるナザレンを見て、祈ったわ。父が見上げたとき、一瞬目が合ったそうよ。父は……心が温かくなるのを、愛を感じた。（感情を昂ぶらせて）それはこの世のものではなかったと父は言っている。

D：何か普通ではないこと、不思議な現象が起こったかお父さんに訊いてくれますか？

（彼女の表情が感情的になっていた）どうかしましたか？

A：父が……（ため息）父が話すのを聞いていると……父の目を通して自分がその光景を見ているような気がする。ナザレンが十字架から降ろされたとき、父はきれいな外衣をまとった彼のヴィジョンを見たそうよ、まるで別の肉体に入ったような……（泣きながら）まるでこの世の肉体がどこかに行って、そのヴィジョンに現れた別の肉体は父の記憶にある完全で健康な肉体で、この世の肉体とは別の場所に行ったようだったと。父もわたしが道端で見たのと同じものを見たんだわ。（涙を浮かべて）わたしと同じ光景、同じ感情を父も経験したらしいわ。

D：遺体が消えた話をお父さんも知っているか訊いてもらえますか？　何か知っているかしら？

A：ええ、翌朝、遺体を引き取りに行ったらしいわ。でも花崗岩の覆いを開けると、遺体がなかったそうよ。

D：お父さん自身が確認したのですか？

A：ええ、でも父はどう説明していいかわからないみたい。わたしの考えと同じで、父も様々な可能性が考えられると言っている。兵士たちと彼の信奉者たちと宗教団体の間で何かが起こった可能性もあると。十字架での光景を見たあとの父は、肉体には意味がないと感じている。とにかく、そこに**遺体は**なかったそうよ。

D：そのときお父さんの他にも誰かいたのかしら？

A：ナザレンと共に歩んだ数人の信奉者が一緒だったと言っているわ。大体、十人くらい。

D：遺体が消えたのを知って、兵士たちはどう思ったのかしら？

A：最初はショックを受けていたけれど、自分たちが責任を問われるから怒りだしたそうよ。でもどうやって遺体が消えたのか見当がつかなくて、呆然としていたらしいわ。

D：ということは、兵士たちの仕業ではなさそうですね。

A：ええ。食べものや飲みものに混ぜられるハーブやスパイスが色々あって、それで眠らせることができるから、そうしたことも考えられるのかも。よくわからない。遺体を消す方法はいくらでもあるわ。兵士たちは何の記憶もないと言っているらしいし。

D：ええ、それも考えられますね。誰かが彼らの目を盗んで遺体を盗んだということかしら？

A：それも起こりえたと思うの。

D：彼が安置されていた場所は密閉されたりしていなかったのかしら？

A：彼はお墓に入れられ、そのお墓を兵士たちが見張っていた。だから遺体が勝手に消えたのではないとすれば、何らかの計画が必要だったはずよ。

D：勝手に消えた可能性はあると思いますか？

A：思わないわ。

D：おかしな話ですものね。

A：ええ。政府、彼の信奉者、宗教団体の指導者、誰がそれを計画していたにせよ、どういう計画だったのか見当がつかないわ。

D：そうですね。でもとにかく遺体は消えてしまった。お墓は誰にも入られないように塞がれていたのかと思ったわ。

A：そのはずだったけれど……覆いを持ち上げるには二人以上が必要だったんじゃないかしら。とても重いから。だから何らかの計画があったのかも。

D：ご両親のところに長く滞在する予定ですか？

A：いいえ、短期滞在よ。行くべき場所、世話をすべき人たちがいるから。

D：一人で行くのですか？

A：いいえ、エルサレムに来た信奉者が他にも何人かいるの。一人で旅はしないわ。通常は小さなグループで移動するの。

D：ご両親はあなたに会えて喜んだでしょうね。

A：ええ、会えて良かったわ。でもここは知らない場所のような気がする。

D：家を出てから長い時間が経ったからでしょうね。

A：ええ。それにこの辺りの雰囲気全体に違和感を覚えるの。

D：家を出てからたくさんの変化があったからかもしれないですね。あなた自身にも色々な変化があったでしょうし。

A：そうね（くすくす笑って）。一生分の変化が。

D：本当に多くの変化がありましたね。ではその場面から移って、その後に起こった重要な日まで時間を進めましょうか。あなたが考える重要な出来事が起こっている日に。三つ数えたらそこにいます。一、二、三……さあ、あなたが重要だと思う日に着きました。何をしていますか？　何が見えますか？

A：村にいるわ。かなり年老いている（彼女の声も老齢のものだった）。でもわたしたちはナザレンと神の真実、教えに基づいて共同体を大きく進歩させてきた。この人たちは教えを引き継ぎ、それは決して絶えることがない。そして**いつの日か**、彼が人類に抱いた希望が彼の望んだ形で叶えられるでしょう。だからわたしはこの日をとても重要な日だと思っている。もう終わりが近づいてきているから。わたしは自分が多くの人を教えてきたこと、その教えが真実であることを心から信じて上昇《アセンション》できるわ。彼らは教えを引き継ぎ、成長を続けるでしょう。この共同体でできた家族と長年暮らしてきたの。わたしたちは安全よ。政府からも宗教からも脅かされていない。わたしたちはまだ旅に出て奉仕することができる。そうしながら成長しているし、強くなっているの。

D：その村に名前はついているのかしら？

A：ええ。ここはベッシャロンと呼ばれているわ（発音どおり。最後の音節を強調している）。

ユダヤ人の友人いわく、地名の前につく「ベツ」は「家」という意味らしい(たとえば「ベツレヘム」は「パンの家」という意味だ)。彼によると「シャロン」は「花」を指すため、「ベツシャロン」は「バラの家」という意味ではないかという。この説明は納得いくもので、ユダヤの地名にも一致するように思えた。そこで調べてみたところ、イエスの時代に存在していた町で、ヨルダン川沿岸に位置する町があり、場所的にも当てはまった。「ベツシェアン」という町だ(「安らぎの家」「平穏の家」「安心の家」「静寂に宿る」などを意味する)。イエスの時代、この町は"Scytholopolis"というギリシャ名で知られる大きな町だった。らい病患者の村はもちろん大きな町ではなかったと思うが、そのユダヤ名は孤立した場所に用いられる言葉だ。わたしの推測に過ぎないが、ギリシャ語名のほうが有名になったとき、イエスの信奉者たちがその小さいほうの村にユダヤ語名を選んだのではないだろうか。その名は実際には「ベツシャロン」で、「ベツシェアン」はたまたま発音が似ているだけかもしれない。当時の町や村の名についてわかっていることは数少ないため、どんな可能性も考えられる。

D:あなたは結婚したことはあるのですか?

A:いいえ(笑って)。ずいぶん昔に、わたしは自分の信念と結婚したの。わたしには自分一人で自由に移動しながら奉仕する真実の仕事、最良の仕事をすることしかできなかった。

もし結婚していたら、子どもたちを教え、孤児の世話をし、この独自の家族を作ることなどできなかったわ。

D：その家族のことが話題に出たから、結婚したのかと思ったのです。

A：村全体がわたしの家族なのよ。皆が家族なの。

D：あの道端で会ったとき以外にイエスに会ったことはありますか？

A：ええ。彼はたまに同じような形で現れるわ。年を取ったせいかもしれないけれど、今はマインドを通してのほうが彼によく会うわ。でもこうして一人で散歩をしているときには姿を現してくれる。

D：彼は今も同じ姿ですか？

A：（愛おしそうに）ええ。

D：会えたときはどんな話を？

A：ああ、色々な話よ。でも主な話は、彼が**希望を**捨てていないということ。彼の教えと真実は人々のハートを通して再び膨らんでいくだろうと言っている。そのような形で彼は再び現れるのだと。人類は政府や宗教の縛りがなくても生きていけることを彼は知っている。だから彼は真実を教えている人たちに希望と励ましを与え続けているの。

D：彼はあなたたちに新しい宗教を始めてほしいと思っているかしら？

A：まさか。彼は他者への思いやりという真実、スピリット、つまり神に忠実であるという真実が広まることだけを望んでいるわ。彼は神格化など一度も望まなかった。彼はわたしたちに自分がそうされたいように他者に思いやりを示すことを望んでいるの。

D：彼や彼の教えにまつわる宗教を始めようとしている人はいるかしら？

A：そういう運動を始めた人はたくさんいるわ。彼の弟子の何人かは彼の教えを通して権力をつかもうとした。彼らの道が唯一の道だと証明しようとして。でもそれは真実ではない。それは彼の道でもない。彼は宗教から逃れたくて神殿から去ったのに、あの人たちはまさしくその宗教を作ろうとしている。そういうことが起こっているわ。

D：「弟子」と呼ばれる人たちと「信奉者」と呼ばれる人たちの違いはなんですか？

A：「弟子」と聞くと、主に彼と一緒にいた小さなグループのことが思い浮かぶわ。でも「信奉者」は彼の言葉を信じた人たち、民衆のことよ。

D：あなたもしばらく彼と一緒にいたから、どう違うのか不思議に思ったの。

A：そうね。でもわたしの場合は、自分の目的を知っていただけ。はっきりしていたの。何か特別な目的があった。わたしは支配力を得たいとは思わなかったし、真実に生きたかっただけ。

D：でも何人かはたしかに権力を望んだのですね。それは彼の望みではなかったのでしょう？

A：まったく違うわ。だからこそ彼はあの若さでこの世を去ったのよ。まだ時期ではないと悟ったから。彼はできる限りのことを成したわ。

D：わかりました。たくさん話してくれてありがとう。また別の機会にお話しできると嬉しいわ。ではその場面を去りましょう。

わたしはアンナを覚醒状態に戻した。目覚めたとき、彼女はまだ磔刑の場面を覚えていた。わたしはまたレコーダーをオンにして彼女のコメントを録音した。

D：お父さんの目を通してその光景を目撃したとき、「イエスの特定の部位だけではなく体中が血まみれだったから恐ろしかった」と言っていましたね。

A：父の目を通して見たように、実際に十字架の上の彼を見てしまったら、**体が震えて**息もできないほどショックを受けたと思うわ。同じ人間があんな野蛮な目に遭っているところを見るなんて。体に何本もの釘を突き刺されるなんて耐え難い痛みだったでしょう。刺し傷や、体中から噴き出す血も。彼はほとんど灰色だった。生身の人間には見えなかった。

D：刺し傷も？

A：体中から血が噴き出していたわ。だから多分、刺し傷は何か所もあったと思う。それなのに、彼が実際には肉体的な痛みを感じていないことがわかったの。

D：頭には何かかぶっていましたか？

A：髪が固まって見えた。泥まみれで濡れているように。

D：わたしたちの想像で描かれた絵を色々見るから、実際はどうだったかと思ったの。

A：そうね。でもわたしは……今言った「わたし」は今生のわたしのことだけれど、彼のそういった絵を見たことはある。クリスチャンは彼がいばらの冠をかぶっていたと言うけれど、それははっきり見えない。わたしに見えるのは、固まって汚れた泥だらけの髪よ。多分、地面に引きずられるかして、土や葉っぱが……

D：多分、そういうことが起こったのかもしれないわね。

A：わからないわ。

D：それに刺し傷も十字架に架けられる前につけられたのかもしれないですね。

A：そうね。（突然思いだしたように）ああ、わかった！　あの雑踏にまぎれて彼を突き回した兵士たちがいたに違いないわ。そういったことが起こっていたように思う。彼はすべてが起こる前から自分がどういった道を進むことになるか気づいていたのよ。そして彼は一歩一歩進みながら心構えをしていた。あの雑踏の中でさえ、彼は痛みと闘いながら準備をしていたと思う。だってその痛みは、彼を突き回し、地面に引きずって踏み倒した人たちによって生じたものだから。

D：それで、彼が苦しまなかったという話も腑に落ちますね。そうした経験から自分を引き離すことができたということだから。

A：ええ、それに彼は十字架にかけられる前からそうしていたのだと思う。父の目を通してそれが見えたの。そうした記憶がすべて戻ってきたわ。父が彼と目を合わそうとしたのがわたしにも感じられる。二人の目が合ったとき、彼の目はまるで……別人のものだった。つまり彼の目には……痛みが浮かんでいなかった。彼の目は父を温かい思いと愛で満たし、大丈夫だと言っていたの。

第11章

死は次なる奉仕の旅だった

ナオミとイエスの交流に関する話を完結させるには、あと一回セッションが必要だと思った。彼女の人生の最期まで通過しなければならない。わたしもまた、彼女が彼について聞いたこと、噂やその他のことをもっと聞きたかった。アンナのキーワードを使って時間を遡る。

D：一、二、三……ナオミが生きていた時代、その最期の瞬間に戻りました。何をしていますか？　何が見えますか？

アンナの声はとても老いて疲れていた。その口調はこのセッションが終わるまで続いた。この物語の大部分を語った十三歳の無邪気で素朴な声質とは対照的だった。

A：らい病患者たちの村にいるわ。彼らの世話をしているの。

D：その病気が感染したことは？

A：いいえ、ないわ。人生の大半を健康に過ごしてきた。癒やしについて多くを学んできたから、自分で自分を守ってきたわ。

D：感染は人々の共通の恐れですよね？　彼らは感染するかもしれないと恐れていますか？

A：ええ。ほとんどの病気は恐れが原因よ。

D：普通の人はその村に行くのを怖がるでしょうね？

A：ええ。本当に助けを必要としている人たちの世話を頼むのは難しいわ。

D：あなたは今、何歳くらいですか？

A：（ため息）わたしは……六十八歳……かしら（確信はないようだった）。

D：では長生きしてきたのですね？

A：（力なく）ええ、そうよ。

D：自分の人生をどう思っていますか？

A：わたしは……色々な意味で祝福されていたと感じるわ。ずっと奉仕してきた気がする。次の段階に進むのが楽しみよ。

D：結婚をしたことは？

A：いいえ。しかけたことはあるけれど。でもうまくいかなかったと思うわ。

D：それを後悔したことは？

A：いいえ、まったく。他のことで満たされていたから。愛した男性はいたけれど……彼との数少ない思い出を幸せに思うわ。でもその思い出だけでわたしの人生の一部を満たすには充分だった。他にもすべきことがあるのを、わたしはわかっていたから。

D：本当に人生を捧げましたね。ご両親にまた会いに帰ったことはありますか？

A：（ため息）ええ、あるわ。最初の頃、両親がまだ存命で、わたしが長旅に出ていた頃は一年に一度くらい。その後はできるだけ帰るようにしていた。でも旅をするのが困難になってきたの。それに訓練をしてわたしのあとを引き継げる人を探すのも大変になってきたのよ。

D：では、ほとんどの日々をそのらい病患者の村で過ごしてきたということですか？

A：ほとんどの日々をね。でも他に訪ねる村がいくつかあったわ。いくつかは普通の共同体で、そこで神の法や癒やしについて教える集会が開かれていた。それ以外の村では、自分が必要とされる奉仕をしていたわ。

D：大きな村もあったのですか？

A：いいえ。ほとんどは世話をしてもらえない人たちが住む小さな共同体よ。

D：わたしに聞き覚えのある村の名前があるかどうか知りたいのですが。

A：そうね、できるだけ戻るようにしていた村があるわ、バーエルという村。他にはラマット村（発音どおり）と、らい病患者の共同体のグラフナ（発音どおり）。

これらの名前が今日のイスラエルの地図に発見できなくても、驚きはしなかった。調査によると、その地域には小さな共同体が数多く存在し、その名前は（もし記録されていたとしても）現代には伝わっていないか、時を経て変更された可能性があるからだ。調査を手伝ってくれていたユダヤ人男性によると、それらの名前は間違いなくユダヤのものだという。バーエルは「神の泉」、（先のセッションで出てきた）ベッシャロンは「バラの家」、ラマットは「丘」を意味し、ラマット村にはおそらく別の単語が入っていたはずだという。彼は「グラフナ」の意味をすぐには割り出せなかったが、間違いなくユダヤ人特有の発音だという。こうした調査結果をアンナに伝えると、彼女は全身に寒気が走ったと言った。彼女はこうした詳細な情報が自分の顕在意識から出てきたものではないと知っていた。なぜなら、ヘブライ語など一つも知らなかったし、彼女が所属するユダヤ教改革派の寺院でそれに触れたこともなかったからだ。以前のわたしはユダヤ人なら全員がヘブライ語を知っていると思っていたが、そう考えるのはカトリック教徒全員がラテン語を知っていると思うのと同じくらい馬鹿げているのだろう。

D：でもほとんどの日々をそのエリアで過ごしてきたということですね？

A：ええ。旅をするのが困難になってきたから。そしてほとんどの時間を、自分が一番必要とされるこの村で過ごしてきたわ。
D：ナザレを訪ねたことは？
A：行ったことはあるわ。
D：ナザレはどんなところですか？　大きな町なのかしら？

わたしは『イエスとエッセネ派』でケイティが述べたナザレの様子と比べたかった。

A：そこそこに大きな町だったわ。風通しのいい通りに、白漆喰塗りの家屋があって。昔ながらの共同体に市場があったわ。
D：ナザレの地域はエルサレムと似ていますか？
A：似ているけれど、規模は小さいわ。覚えているのは……市場がある中心部に……住民が水を汲みに行くの。どうだったかしら。向こう側にいくつか丘があったけれど、他の町と比べたら規模は小さかった。
D：旅の途中で通りがかった田舎も似たような感じだったのかしら？
A：ああ、あの周辺の田舎は、そうね……いくつか丘があって、ほこりっぽい道が続いていた。ええ、似たような感じと言えるわね。

D：その地域の名前をいくつか聞いたことがあるのですが、あなたも長旅中に通りがかったことはあるかしら。たとえば、カペナウムという名前を聞いたことは？

A：ええ、カペナウムね。

D：その近くなのかしら？

A：そこは……ずいぶん昔のことだから。多分、エルサレムから離れたところだと思うわ。裕福な……そこの裕福な地主を覚えているわ。そこには問題もあったの。でもわたしはほとんどの時間を自分が必要とされている場所、自分の能力を活かせる場所に費やしていたから。

D：ヨルダン川のことは？　聞いたことがあるかしら？

A：ええ、あるわ！　ヨルダン川ね。（考えこむように沈黙して）ヨルダン川は……幼かった頃、周辺を歩いた記憶があるわ。いいところよ。ええ、覚えている（回想にふけっているようだった）。

D：クムランという場所について聞いたことはありますか？

クムランはエッセネ派の秘密の共同体と秘教の学校があるところで、死海に臨む崖の上に位置していた。

A：ええ、あるわ（くすくす笑って）。ナザレンが……ナザレンが話しているのを聞いたことがあるの。両親もその名前を口にしていたわ。特別な信念を遵守する共同体で、教えが伝えられていたと。ナザレンもそこで過ごしたことがあるの。

彼女がクムランを共同体と言ったことで証明になった。やはりクムランは共同体と呼ばれていたのだ（考古学者でさえそう呼んでいた）。それが町や村と呼ばれたことはない。

D：彼に聞いたのですか？

A：彼が話していたのを覚えているわ。彼が癒やしや奉仕について教えてくれたとき、クムランのことを話していたの。

D：彼はそこで過ごしたときのことを、どんなふうに話していましたか？

A：古の「生命の木」について教わったと話していたわ。哲学や癒やしについて学んだと言っていた。そこで通常の教育では教わらないようなことも学んだと。

D：そういったことを教える共同体だったのかしら？

A：ええ。そこに学校もあったの。その共同体には独特の哲学があったのじゃないかしら。

D：彼は自分が発揮したことの多くをその共同体で学んだのでしょうか？

A：ええ、そうだと思うわ。彼は知識欲という点では抜きん出ていたのじゃないかしら。ほかの生徒たちが得ようとしない情報まで求めたのだと思う。限られた者しか利用許可されていない文献も利用できたはずよ。彼は好奇心旺盛で、自分が疑問に思ったことの答えを内面に見いだした。

D：普通の人は教わらないような事柄を学んだようですね。そこの学校は特殊だったに違いないわね。

A：ええ。彼らはそこで、人類がいかに宇宙と連動して生きているかを学び、万物の繋がりを知ったのよ。それと、その生命の木の道のことも。

D：生命の木ってなんのことですか？

A：生命の木とは、一部の人たちが極秘にして二度と他者に教えない古の神秘のことよ。神殿ではこれを教えないの。

D：どうしてですか？　わたしならいつでも知識を得たいと思うわ。それを極秘にする理由がわからない。

A：庶民が自分の内に真実を発見したら、一部の人たちが支配できなくなるからよ。庶民が理解力を得て自分で学び、万物や神なる源との繋がりの中に自分の力と信念を持ち続けたら、彼らが困るから。

D：なぜその一部の人たちは、庶民が生命の木を知るべきでないと考えるのかしら？

A：それが真実だからよ。それは個人の存在や肉体や魂の様々な道のことで、太陽や月や潮の干満との繋がりのことなの。物事の成り立ちや仕組みを説明しているわ。

D：それを知ることができたら素晴らしいでしょうね。

A：その知識は「カバラ」と呼ばれているわ。

D：ああ、その言葉は聞いたことがあるわ。そういったことを学ぶには膨大な時間が必要でしょうね。

A：すごく専念しないといけないわ。そうした知識すべてを吸収して、それを日常生活に活用できるようになるのは簡単ではないから。複雑すぎるから、普通の人にただ知識を伝えるわけにはいかないのよ。だからそれを取り入れてシンプルな形で体得する必要があるの。そのように学べば、それを日常に活かして奉仕できるようになるわ。

D：彼はそうして学んだことの一部を信奉者たちに教えようとしたのかしら？

A：ええ、わたしたちが理解できるように、彼独自の解釈をして教えようとしたのだと思う。

D：つまり、複雑な教えをシンプルにして教えようとしたっていうことですか？　あなたはクムランに行ったことがあるのかしら？

A：いいえ、そこに行った記憶はないわ。

D：死海のことは聞いたことがありますか？

A：ええ、聞いたことはあるけれど、別名があったわ。でもその名称も知っている。

D：別名はなんていうのかしら？

A：（その名称を思いだそうとして）ええと……エロッツ？　エロットか、エロットの石……エロッツだったかしら？　浜辺のことは覚えているんだけれど。

D：死の海、とか他の名称も聞いたことがあるわ。どうしてそう呼ばれるか知っていますか？

A：知らないわ。（くすくす笑って）覚えてないの。死海って言ったわよね？　その名称で知っていたとは思わないけれど、聞き覚えはあるの。でも……

D：いいですよ、ちょっと聞きたかっただけなので。わたしはそうした名称で聞いたことがあったのです。

アンナが目覚めてから聞いた話によると、ナオミとしての彼女はそれらの地名を別の名称で知っていたが、思いだせなかったらしい。死海は「アスファルトの湖」という意味の名称で呼ばれていたという。彼女は正しい名称を思いだせないことを気にしていた。しかし話していたのは老齢のナオミだったので、思いだせないのも充分理解できる。もう長らく旅はしていなかったのだろう。その頃の彼女はらい病患者の世話に専念していたのだ。

その後、わたしは聖書に登場する**ロト**との繋がりについて考えた。ロトの物語はソドムとゴモラに関連していて、それらの町は死海に沈んだ。エロットの石とは、伝説の塩柱のことかもしれない。それも一つの可能性だ。

アスファルトの湖が死海の別名だというのは、そこに大量に存在する松脂とタールが所以だろう。古からある別称はロトの海だ。

D：ベセスダは聞いたことがありますか？

A：ベセスダ？　同じエリアにある地名だと思うわ。また別の小さな共同体じゃないかしら。全部、聞き覚えはあるのだけれど、小さな村や町にはもう長く行っていないから。

D：あなたはそれらの別称を知っているかしらと思ったの。でも、ずっと同じエリアにいたのですね。その後、信奉者たちとの付き合いはあるのですか？

A：彼の死後、信奉者の多くは散り散りになって、それぞれの道に進んだわ。身の安全を懸念していたから。長年、怯えながら暮らし、再び身を隠すようになった。わたしは強くなって（ため息）内なる声とハートセンターに耳を傾け、自分なりの道を歩んだ。わたしがすごく悲しかったのは、彼が本当に成し遂げようとしていたことを民衆が理解しなかったことなの。そうした人たちにこそ彼は手を差し伸べようとしたのだけれど、その人たちは彼の教えと神に関する真実を理解できず、神殿や政府のごまかしを見抜けなかった。彼らは変化を恐れていたから、日常生活を続けることのほうが簡単だったの。そうして暮らしているぶんには考えたり疑問を抱いたりする必要がないから、そのまま日常を続けて従っていけばいい。でも彼は変化を起こそうとしていたから、当初は彼を支持していた人たちでさえ恐れの気持ちから、そして生き残るために彼に背を向けた。一部の信奉者はまだ彼の教えを伝道していると思うわ。でも彼らは人目につかない地下集会で隠れて静かに伝道を続けている。大きな恐れを抱きながら暮らしているの。

D：誰かに捕まるのではないかと恐れているということですか？

A：ええ。

D：ではイエスが彼らに望んでいたことを、あなたのほうが引き継いでいるわけですね？

A：わたしは彼から直接受けたことを伝えているの。それを人々が理解できないのが悲しい。彼はずっと教えを……ああ、たまに話すのが難しくなるわ（彼女の声は年老いていて、ときおり言葉が不明瞭になった）。彼は一番シンプルな形で、そして最も深い真実をもって人生を教えていた。だからこそ、彼は自分の道を進み、教え続けたの。

D：彼につき従っていた人たちの多くは、あなたがしているように庶民に手を差し伸べて助けようとしなかったと思いますか？

A：信奉者が再び姿を現すようになったときはとても密かだったわ。信奉者は多くの人々にとって恐れの元だったし、ローマ人は民衆を彼らに敵対させたから。ローマ人はあらゆる支配力と権力を持っていたから、民衆は恐れから簡単に操作されたの。

D：彼らが信奉者たちを恐れる理由がよくわからないわ。

A：あら、信奉者たちが教えを伝え続けて、さらに信奉者を増やすかもしれないからよ。だからローマ人には再び恐れを抱く根拠があったのかもしれない。

D：主力となる人物を消した後は、もう恐れる必要がないように思うのだけれど。

A：彼の言葉や教えは生き続けるわ。たとえその教えが地下集会で伝わったものだとしても。でも信奉者のほとんどは長い間、姿を現さなかった。

D：では、あなたは彼らと連絡は取り合わなかったのですね？

A：村で助けを行う人たちとは何人か連絡を取ったわ。あと、旅に出たときも。

D：あなたが「弟子」と呼んでいた人たちはどうなったのですか？　彼らとは一人も連絡を取らなかったかしら？

A：（ため息）ああ、とても昔のことだけれど、連絡は取ったわ。彼らの何人かがケネレット湖畔の断崖でまだ集会を行っていた頃のことよ。彼らの何人かは、ナザレンの言葉を絶やすまいとした。だからその一部は今も伝えられている。

D：そうした活動を続けていた弟子の名前を思いだせますか？

A：たしかシメオンと……アブラム（アフロムという発音に近かった）。それから……ペテロ。

彼女はまるで思いだすのが困難であるかのようにゆっくりと言った。ナオミは高齢に達していて、それらの出来事は何年も昔のことだったのだろう。

D：あなたが会ったのはその人たち……

A：（遮って）再会したのを覚えているのは、その人たちよ。

D：「ユダ」と呼ばれた弟子のことを聞いたことがありますか？

A：ええ、あるわ。彼を裏切った男でしょう？

D：ええ、人々が一番話題にするのは彼のことだと思うのですが。

A：そうね。わたしたちはあの出来事が起こる前から彼のことをわかっていたわ。

D：そうなのですか？

A：ええ。わたしにはそのヴィジョンが見えた。そうね、わたしたちは彼のことをわかっていた。

D：そのことについて教えてくれますか？　どういうことをわかっていたのかしら？

A：（悲しげに）覚えているのは、最後にナザレンと会ったときのこと、そしてヴィジョンのことよ。そのヴィジョンは間違っていないと彼は言ったの。だから彼もわかっていたの。

D：あなたは彼に何かが起こるのをわかっていたということですね。

A：ええ、それに彼自身もわかっていた。お金や、富と権力を保証されて揺れ動く者、彼を裏切るであろう者が一人か、それ以上いることが彼にはわかっていた。脅されてローマ人を信じ、買収されるであろう者がいることを。

D：彼のそばにいた人が一体どうしてそんなふうに裏切ることができたのかしら。

A：わたしたちには自由意志があるでしょう。恐れに主導権を握らせてしまう者は、何が真実かを見定めることができなくなるのよ。それも彼らの人生計画の一環だったのでしょう。

D：あなたはユダに会ったことがありますか？

A：もう随分昔に一度会ったことがあるわ。初めてナザレンと旅に出たとき。

D：当時、彼がそんなふうな人だという予兆はありましたか？

A：いいえ。わたしは**個人的に**話したことがないけれど、あの頃そんな予兆はなかったわ。

D：何があったのですか？　彼は何をしたのですか？

A：ユダはローマ人に（ため息）説得されて、神から派遣された男、いわゆる奇跡を起こす人に関する論争や疑問を巻き起こす手助けをしたの。ユダは暴動を起こして、民衆が暴力的になるよう誘導したのよ。

D：扇動者のような役割ということですか？

A：ええ。

D：それはナザレンが逮捕された頃の話かしら？

A：ええ、すべてユダの手を借りて仕組まれたことなの。

D：理解しがたいわ。ユダはそれで報酬を得たのかしら？

A：ええ。お金と土地を。

D：その後ユダはどうなったのですか？　まだ生きているのかしら、何か彼の噂を聞いたことは？

A：色々な話を聞いたわ。殺されたという話も聞いたことがあるし……しばらくして、自分に耐えられなくなって自殺したという話も。色々な話が飛び交っていた。

D：では、報酬で得たお金や土地を喜んで使ったというわけではなさそうですね。

A：ええ、そのようね。ユダは起こったことに耐えられなかった。内面で自分と向き合わざるをえなくて、耐えきれなかったのよ。

D：でもナザレン自身も、ユダがなんらかの形で彼を傷つけるというヴィジョンを見たのでしょう?

A：ええ、ナザレンは……自分の人生の目的を知っていた。なぜ自分がこの地へ来たのかも。自分がいつ上昇《アセンション》することになっているかも知っていたわ。

D：では止めようとはしなかったのですね。

A：それが起こる理由を知っていたから。彼はそれも計画の一環だと知っていたの。

D：では、いかなる形でもユダを止めなかったのですね?

A：ええ、そういうことよ。ナザレンは人生のシナリオを演じきり、この地に来た個人的目的を果たしたの。

D：さっき、これはユダの決断、自由意志だと言っていましたね。あなたはナザレンが亡くなった頃の話を色々聞いたと思いますが、わたしも色々な話を聞いて、一体どれが真実なのかわからなかったわ。

A：(笑って) わたしたちの**誰一人として**わかっていないかも。

D：だからこそ、わたしが聞いた話をあなたも聞いたことがあるか知りたかったのです。彼の出生について何か聞いたことはありますか？

A：ええ、両親が話しているのを聞いたことがあるわ。まだ小さかったから、よくわからないことも話していたけれど。でもナザレンのお母さんにはたくさん子どもがいたわ。ナザレンのような子を授かったことは奇跡だと考えられていた。でもたしかに授かって、彼を産んだ。皆、それが奇跡だと思った。（くすくす笑いながら）でも残念ながら、普通の出産だったのよ。本当の奇跡は、彼がどのように誕生したかではなく、彼自身だったの。

D：彼の出生について聞いたのはそれだけですか？

A：そうね。人々は彼の出生を一種の……神の御業のように考えているようだけれど。でもそうではないと思う。ふたりは子どもたちを持とうとしていたから。

D：どうして人々は、それが神の御業だと考えたがるのかしら？

A：わからない。それは人間が考えだしたことだと思うし、操作や権力を目論んでのことではないかしら。よくわからないけれど。でも彼は本当に奇跡の子だった。でもある意味、わたしたちは皆、神から生まれたとも言えるわね。わたしたちは全員、神の子だから。彼以外にも突出した子どもたちはいたわ。

D：わたしもそう思っていたわ。彼が突出していたから、突出した出生話があるはずだと考えたのかもしれないですね。

A：ええ。でも神と結びついたまま、彼のような愛や能力を備えてこの地を歩んだ人たちは他にもいるわ。ただ彼は……彼について人が考えることといったら途方もないのよ！

D：ええ、奇跡的な誕生だったというような途方もない話のいくつかをわたしたちも聞いてきたようですね。

A：（笑って）彼女が並外れた子どもを授かったということ自体が奇跡だったの。

D：そうですね、でもあなたのお父さんはナザレンの母親違いの兄弟だったのでしょう？ あなたのお父さんはヨセフと他の女性の間にできた子どもでしたよね？ （彼女が戸惑いを見せる）違ったかしら？

A：（間をおいて）ヨセフの子……そうよ……異母兄弟というのかしら？

D：母親が違うということですね。

A：ええ、そのとおりよ。

D：あなたのお父さんが生まれたのは、ヨセフがナザレンのお母さんと結婚する前なのですね？

A：ええ。

D：では、あなたのお父さんはナザレンより少し年上だったということかしら？

A：ええ、そうよ。そのことは覚えているわ。

D：ナザレンのお母さんに会ったことはありますか？

A：子どもの頃に会った記憶があるわ。ぼんやりした記憶だけれど。でも普通の女性だったわ（笑う）。

D：わたしが聞いた話によると、人々は彼女を神聖視しようとしたらしいですね。彼女がナザレンの母親だからというだけで。

A：子どもの頃の記憶では、彼の両親は普通の人たちだったわ。他の人たちと暮らしぶりも同じだったし。彼女に変わったところがあるような記憶はないもの。でも子どもの頃の記憶だけれど。本当にどこにでもいる普通の女性だった。

D：ヨセフには会ったことがありますか？

A：会った記憶はあるけれど、はっきり覚えてないわ。会ったのはふたりが住むよくある小さな村で、ふたりは普通の生活を送っていた。どこにでもある日常よ。彼女も普通の暮らしをしていた。他の人たちと同じような暮らしをしていた記憶しかないわ。

D：もちろん、昔のことですものね。随分昔のことだから。とにかく、変わったところは何もなかったということですね。

A：ええ。ふたりはいい人だった。他の人たちより暮らし向きは少しばかり良かったかもしれない……貧しくはなかったと思う。でも普通の人たちだった。ナザレンは自分が正しいと思った信念を追求したけれど、彼の両親は子育てと彼らの日常を続けたの。

D：ナザレンが起こした奇跡についても、色々な話を聞きました。死者を蘇らせたという話を聞いたことがありますが、あなたも聞いたことがありますか？

A：ええ、癒やしを見たわ。わたしは学んだの、人は死の間際にあらゆる兆候が低下し、死んだように見えることがある。あるいは、ほんの数分、息を引き取ることも。それが彼らの逝くべきときでなければ、蘇生も可能で、わたしも見たことがあるわ。

D：彼がそうするのを見たのですか？

A：一度あるわ。

D：そのときのことを話してくれるかしら？

A：バーエルの村にいたときのことよ。ナザレンがわたしを教えていた頃のことで、わたしは彼が家から家へと訪問するのをついて回って見ていたの。そこには熱病に冒された男性がいたわ。まだ彼が逝くときではなかったと思う。彼の家で、その妻がいたことも覚えている。小さい子どももいたわ。（感情を昂ぶらせて）わたしにはわかっていた……ああ、言葉にするのが難しい……（泣きながら）でもあの場には物理的な出来事を超える何かがあった。ナザレンの癒やし、それに妻の深い献身と愛を受けて、その男性が戻ってきたの。ナザレンが男性に両手を当てていたわ。そうすると男性が意識を取り戻したの。夫はもう逝くときだと妻は聞かされていたのだけれど、そうではなかった。熱病から回復したのよ。（洟《はな》をすすりながら）ナザレンはハートセンターで宇宙の神なる源と連動して生きることで修業を重ね、そうした知識を独学で得た。その修業と知識がゆえに、何を成しうるかを彼は知っていたんだわ。でもそれには真実と癒やしに対する相手の信頼も必要だった。生き続けたい、この人生を続けたいという強い願いが必要なの。

D：その人が息を引き取ってから長い時間が経った場合でもそれは可能だったと思いますか？

A：いいえ。本人が戻りたいと願っていなければ、それは起こらないと思うわ。この人生でまだすべき何かがなければ。

D：死者を蘇らせるという奇跡が、ナザレンが起こした奇跡の中で最もすごいことかしら？

A：わたしは……そうも考えられるけれど、他の癒やしを目撃したことや、本人やその家族に全体性や喜びや愛を取り戻させることも同じくらい奇跡だと思うわ。ハートや魂を完全に取り戻させるといったことも。でもほとんどの人にとって、死者を生き返らせることが一番の奇跡なのでしょうね。

D：あなたの意見はどうかと思ったの。彼は他にも色々と素晴らしいことを起こしましたからね。

A：ええ。説明が難しいけれど、彼が起こしたそれぞれの奇跡は癒やされた本人の手を借りたものだったけれど、彼の愛する人たちの顔に浮かんだものを見るのが奇跡だったわ。それも同じくらい重要だった。それも同じくらいの癒やしだった。

D：ええ。あなたが彼のそばで、彼から学ぶことを許されたのも素晴らしいことでしたね。とても重要なことだった。それにあなたは自分自身でも自分なりに人々を助けてきたのですね。

A：そう努力してきたわ。

D：そして彼の教えを他の人々に伝えたのですね。それがとても重要だと思うわ。そうした意味で、あなたは大きなことを人生で成し遂げた。さあ、ではあなたの人生の最後の日に進みましょう。そうしたければ、観察者としてその日を見てもいいですよ。そうすれば平静に見ていられるでしょうし、その日に起こったことを教えてくれますか。

すぐに場面が変わった。数える必要さえなかった。

A：（大きなため息）時が来たわ。ただ疲れ切っている。逝く準備はできているわ。

D：長い人生でしたか？

A：ええ。わたしの仕事を引き継いでくれそうな人が何人かいて、この村での仕事や旅を続けてくれると思うわ。今、わたしは村から出て、いつも訪れるこの場所にやって来た。木にもたれて座っているの。ここでいつも考え事をしたり祈ったり、ナザレンと話したりするのよ。

D：あら、彼はまだそこで話しかけてくるのですか？

A：ええ。でもどこにいても彼がいるのを感じられるわ。でもここでなら人から離れて、気を取られなくてすむの。ここでなら安心して座って、放たれる光、ぬくもり、輝きを感じられるのよ。（ゆっくりと）そうして彼が次の次元にわたしを迎えてくれるの。

D：それが起こったあとに時間を進めましょう。何が見えますか？

A：（笑って）わたしには移行できる。とても違う。自分の肉体が見える……（くすくす笑って）木にもたれて、平穏のうちに座っている自分が見える。

D：平穏に死を迎えたのですね？

A：ええ。そこには平穏がある。わたしはとても疲れていたの。目を閉じたら、今はこうして自分の肉体を見おろしているのよ。そのくらいすぐに起こった。とても不思議だけれど、とても素晴らしい気分。

D：他に何が見えますか？

彼女は微笑んでいた。わたしには彼女から放たれる幸福が感じられるようだった。

A：ナザレンがわたしを手招きしているわ。あなたを歓迎すると言っている。ここがあなたの家だよ、と。大きな喜びと学びが待っている、と。目の前にその道が見えるわ。（笑って）また別の旅に出たみたい。

D：その道を進んでいるのですか？

A：彼がわたしの手を取った。とてもゆっくり、ゆっくり動いているように感じる。遠くの村に向かっているような。家に帰ってきて、いるべき場所にいるような気分よ。これが死というものなら、死はまた別の奉仕の旅のようなものね。

D：あなたが終えたばかりのその人生をどう思いますか？

A：ああ、わたしは……最善を尽くしたように感じるわ。でも胸が痛い、学びが遅くて真実に気づくのが遅い人たちのことを考えると胸が痛む。

D：その人生であなたは多くを学びましたね？

A：とても祝福された人生だった。愛と思いやりに満たされ、ナザレンはいっときも離れなかった。彼こそがわたしの愛した人だと思う。だからこそ、わたしは結婚することにならなかったのだと思う。なぜならわたしはその愛に満たされていたから。自分ができる限りのことを成し遂げられるよう、一人でやっていくべきだと知っていたから。

D：とても充実した人生でしたね。多くを成し遂げたのだから。今はどこに向かっているのですか？

A：家のように感じられる場所に向かっていることだけがわかる。そこで学ぶことになっているの。

D：それは良かったですね。あなたはとても充実した人生を送りました。その人生で学んだことをわたしに教えてくれてとても感謝しているわ。本当にありがとう。

A：こちらこそ、ありがとう。

D：さあ、ではその場面を去りましょう。

わたしがアンナを完全な覚醒状態に連れ戻すと、ナオミは後退し、これを最後に二度と呼ばれることはなかった。

それから何か月も経ち、たまに顔を合わせると、アンナは退行催眠時の詳細を知りたがった。彼女はテープを何度か聞こうとしたものの、どういうわけか長く聞いていられないと言った。テープから聞こえてくる言葉が、自分から発せられたものだとは受け入れられなかったのだ。あまりにも多くの潜んでいた感情が彼女の深奥で呼びさまされるのだという。そうした感情に突き動かされ、いつもレコーダーの再生を止めてしまう。アンナは信頼できる少数の友人にしか退行催眠のことは話さず、話すとしても慎重に伝え、話の全貌は明かさなかった。とても個人的な体験だったので、からかわれたり信じてもらえなかったりするのが不安だったのだ。だから彼女はそれを胸の内にとどめた。

数か月後、わたしは書き起こしたものを読むのはどうかとアンナに訊いた。彼女は自分の声がそれを語るのを聞いていられなかったからだ。すると彼女は読んでみたいと言った。好奇心が勝ったのだ。わたしはテープを書き起こした原稿を渡した。原稿は客観的な視点を与えてくれたため、彼女はそれを読むことができた。原稿には自分の声という個人的な媒介がなかったので、フィクション小説を読むような感覚に似ていた。しかし、客観的に読めたとしても、イエスとの交流に関するナオミの物語は胸に迫るものがあった。

アンナから戻ってきた原稿には短い手紙がついていた。「わたしの一部を取り戻させてくれて、心から感謝します。その一部は、帰郷への道に欠かせない重要なものでした。この感謝の思いを言葉では表しきれません。あなたはわたしの琴線に触れました。あなたのおかげで、わたしは成長できたのです」

アンナは美術の勉強をしたことはなかったが、たまに並外れた絵を描くことができるのだと話した。絵を描く気分は予期せぬタイミングで訪れるのだという。この絵の才能は、まだ明らかになっていない別の過去世から来るものかもしれない。イエスと交流したナオミの過去世の退行催眠セッションを終え、彼女はなんとなく次ページの絵を描いた。彼女が見たイエスに限りなく近いという。

イエスと交流した彼女の記憶は潜在意識の中に遠のいていき、二人の女性、メアリーとアンナのそれぞれの生活は元通りになった。けれどもわたしは、二人が本当の意味で元通りになったのだろうかと思う。二人はたしかに日常に戻り、退行催眠は忘れられた。退行催眠は興味をそそる間奏曲であり、それ以上ではなかった。メアリーは退行催眠を通して、今生での男性との関わりに関する問題を理解することができた。退行催眠のおかげで、彼女はそれらの感情がどこに由来するものなのか、それらが自分をいかに抑制しているかを理解できたのだと思う。彼女は男性の友人との関係を育み、造園ビジネスに専念した。それと小さな子どもたちの世話で彼女は手いっぱいだった。

トランス状態から抜けたアンナが描いたイエスの肖像

アンナはB&Bの経営で、かつてないほど多忙を極めていた。夫婦で賃貸不動産を増やしたので、彼女はそちらの仕事にも手を取られた。空き時間はホスピスでボランティアとして患者やその家族のカウンセリングをし、死について話した。そのような形で、彼女は病人や死にゆく人たちに対するナオミの思いやりや無償の愛を今生に活かしていたのだと思う。ホスピスでの仕事は死への取り組みを重視するので、気が滅入りがちだと他の人たちから聞いたことがある。しかしアンナはその仕事に充足感を見いだし、そうした形で奉仕することにこの上ないやりがいを感じていた。ホスピス以外でボランティアをしたこともあるが、末期患者と向き合う仕事ほど充足感を覚えるものはないという。その仕事に自分の居場所を見つけたのだ。

わたしは、イエスと交流したことが二人の女性の人生に依然として影響を及ぼしているのだと信じている。たとえそれが潜在意識レベルでの影響で、二人が認めるのをためらうものだとしても。二人は分別をもって健全な態度で退行催眠に対処した。そして二人は、歴史のかけていた部分をわたしたちに教えてくれた。二人の潜在意識の片隅に隠れたまま受け継がれた、イエスとの交流の記憶を通じて。本書と『イエスとエッセネ派』における退行催眠の最終的な目的は、本当のイエスをわたしたちのもとに取り戻すことだとわたしは信じている。彼の本当の姿を示すことだと。彼にはどこか特別なところがあり、それが理由で彼の活動は時の試練を受けることになったのだろうとわたしはいつも思っていた。けれども、これらの退行催眠を行うまで、その特別なところがどういうものなのかわたしは理解していなかった。

明かりを消した部屋に座り、ベッドに横たわった催眠状態の女性がこの物語を追体験するのを聞きながら、わたしはイエスの真の人柄を、その類まれなカリスマ性を、並外れた優しさを垣間見た。他の人間からあれほどの愛が放たれるのを感じたことはない。メアリーとアンナがイエスとの出会いを語るその声に、その愛がはっきりと表れていた。わたしはじっと座って、その計り知れない感情が打ち寄せてくるのに身をまかせ、まるでそれに浸透性があるかのように、それを吸収しようとした。わたしもまた彼のそばにいるかのような感覚だった。そうしてわたしは気づいたのだ、なぜ彼が人々に影響を及ぼすのかを。彼のそばにいながら、彼を愛さずにいることなどできない。

本書を書き始める前、わたしはある男性にテープの一部を聞かせた。彼も二人の女性の言葉に見るからに感動していた。わたしはため息をついて言った。「この感情を一体どうやったら文字にして伝えられるかしら?」。彼は遠い目をして答えた。「やってみるしかないよ」。だからわたしはやってみた。うまくできたかは心もとないが、あの感情を文字にして紙に書くことを試みた。それがどれだけ困難な仕事だったか、そこにいなかった人には伝わらないだろう。

わたしはあの歴史の瞬間に立ち会えたことを光栄に思う。そして、その瞬間を人類にもたらす義務があることを承知している。優しくて思いやり深いイエス、わたしたちが深く眠らせている才能を育んで発揮した人物としてのイエスを明らかにできたことを願っている。この地球上のあらゆる人たちを際限なく愛した人物のことを。

付録

わたしの著作における題材を実証する最も意外な情報源は、しばしば読者からもたらされる。わたしが自分の調査で見つけられなかった情報を、読者が見つけてくれることがあるのだ。以下は、わたしが一九九七年に受け取った手紙の抜粋である。

「ナオミの人生に退行したアンナのセッションに関して、興味を持たれるかもしれない情報をお知らせします。あなたはナオミがらい病患者やその他の気の毒な人々を助けるために訪れた町の名前をお尋ねになりました。そして調査の結果、それらの町の名前を見つけられなかったと記されています。そこでわたしは自分の聖書の裏表紙に聖地の古い地図がいくつか載っていたことを思いだしました。タイトルは『新世界訳聖書』というもので、わたしはそれに載っている町の名前を確認しました。あなたがメモを取られた地名は発音どおりに綴られたものだったので、わたしはそれを念頭に以下の地名を探し当てました。

ベツシャロン：エルサレムの北方のそう遠くない町に「ベツハロン」と呼ばれる小さな町

があります。

ラマット：同エリアに「ラマー」という小さな町があります。

グラフナ：近くに「ゴフナ」という町があります。

バーエル：これらの小さな町を少し北に行った場所に“Ba’ al-hazol（バアルハゾール）”という町があります（単語中のアポストロフィは通常、一文字抜けていることを意味するとのことです。ナオミがこの地を略して「バーエル」と呼んだ可能性もあります）。

アブラム：ナオミの発音は「アフロム」に近かったと記されています。そのエリアでよくある名前に“Ephraim”というものがあり、「アフロム」と発音します。また、ゴフナとラマーの間に「アフロム」という小さな町があります。

これらの町はエルサレムの北方のそう遠くない町「ベテル」の近隣に所在します。」

この貴重な情報を提供してくれた読者に、心からの感謝を捧げる。

参考文献一覧

Anderson, Jack, "What Did Christ Really Look Like?" Parade, April 18, 1965, pp 12-13

Bailey, Albert Edward, Daily Life in Bible Times, Charles Scribers' s Sons, New York, 1943

Bammel, Ernst, and Moule, CFD, Jesus and the Politics of His Day, Cambridge Univ. Press, Cambridge, 1984

Bennett, Sir Rosdon, The Diseases of the Bible, Vol. IX, By-Paths of Bible Knowledge Series, The Religious Tract Soc, London, 1891

Bouquet, AC, Everyday Life in New Testament Times, Charles Scribners' Sons, New York, 1954

Dalman, Gustaf, Sacred Sites and Ways, MacMillan Co, New York, 1935, translated from German by Levertoff, Paul

Finegan, Jack, Light From the Ancient Past, Princeton Univ. Press, Princeton, NJ, 1946

Hollis, FJ, The Archaeology of Herod' s Temple, JM Dent and Sons, London, 1934

Jeremias, Joachim, Jerusalem in the Time of Jesus, SCM Press, London, 1969. Translated from German by FH and CH Cave

'Jerusalem' , Collier' s Encyclopedia, 1962, edn, Vol 13, pp 554-549

Kaufman, Asher, 'A Note on Artistic Representations of the Second Temple of Jerusalem' , Biblical Archaeologist, Vol 47, Dec. 1984, pp 253-254

King, Rev. J, Recent Discoveries of the Temple Hill at Jerusalem, Vol. III, By-Paths of Bible Knowledge Series, The Religious Tract Society, London, 1891

Kingsbury, Jack Dean, 'The Developing Conflict Between Jesus and the Jewish Leaders' , Catholic Biblical Quarterly, Vol. 49, Jan. 1987, pp 57-73

'Leprosy' , Collier' s Encyclopedia, 1962 edn, Vol. 14, pp 515

MacAlister, RAS, 'The Topography of Jerusalem' , Vol. III, The Cambridge Ancient History Series, Cambridge Univ. Press, 1970, pp 333-353

Merrill, Rev. Selah, Galilee in the Times of Christ, Vol. V, By-Paths of Bible Knowledge Series, The Religious Tract Society, London, 1891

Metaphysical Bible Dictionary, Unity School of Christianity, Lee' s Summit, MO, 1958

Oesterreicher, Msgr. John M, and Sinai, Anne, Jerusalem, John Day Co, New York, 1974

Watson, Colonel Sir CM, The Story of Jerusalem, JM Dent and Sons, Ltd., London, 1918

Wright, G Ernest, Biblical Archaeology, Gerald Duckworth and Co., Ltd., London, 1957

著者プロフィール

ドロレス・キャノン Dolores Cannon

1931年、アメリカ合衆国ミズーリ州セントルイス生まれ。退行催眠療法士。「失われた」英知を調査する心霊研究家でもある。ミズーリ州で教育を受け、1951年に海軍軍人と結婚するまで同州で暮らす。結婚後の20年間は、典型的な海軍軍人の妻として家族と共に世界中をめぐった。

1968年、アマチュアの催眠療法士であった夫が、肥満の問題を抱えた女性に催眠術をかけたところ、彼女の過去世への退行に遭遇し、ドロレスは初めて輪廻転生を垣間見る。当時「過去世」というテーマは一般的ではなく、そのジャンルを調べる研究者も少なかった。ドロレスは好奇心に火をつけられたが、当時は家庭のことが優先であったため、研究着手にはいたらなかった。

1970年、夫が傷痍軍人として退役したため、夫婦はアーカンソー州の山岳地帯で引退生活を送るようになる。ドロレスはそこで執筆活動を開始、さまざまな雑誌や新聞社に記事を売り込み始めた。子どもたちが自立すると、彼女は退行催眠と輪廻転生への関心を再燃させ、多様な催眠手法を研究して独自の手法を考案した。その手法により、非常に効率的にクライアントから情報を得られるようになる。1979年以来、数百人ものボランティアに退行催眠を行い、そこから得られた情報を分類整理してきた。1986年には調査研究をUFOの分野にまで広げ、UFOが着陸したとされる場所での現地調査や、イングランドのミステリーサークルの調査なども行っている。この分野における彼女の資料の大半は、UFOに誘拐された人たちに催眠術をかけて得られた証拠を集めたものである。

本書以外の著作に“Conversations with Nostradamus Vol.I, II, III”（Vol.Iのみ『ノストラダムス霊界大予言』として二見書房より邦訳が刊行）、『イエスとエッセネ派』（ナチュラルスピリット刊）、“Between Death and Life”、“A Soul Remembers Hiroshima”、『この星の守り手たち』（ナチュラルスピリット刊）、“Legacy from the Stars”、“The Legend of Starcrash”、『人類の保護者』（ナチュラルスピリット刊）などがある。作品のいくつかは複数の言語に翻訳されている。

ドロレスは4人の子どもと14人の孫のおかげで、家族という「現実」世界と、その執筆生活における「見えない」世界の間でしっかりとバランスを取ることができた。

2014年に逝去。WWW.OZARKMT.COM

訳者プロフィール

采尾　英理（うねお　えり）

同志社大学文学部卒。翻訳作品に『イエスの解放』（DVD）、『マインドとの同一化から目覚め、プレゼンスに生きる』（DVDブック）、『今だからわかること』、『無限との衝突』、『マインドフルネスを超えて』、『ふたつの世界の間で』などがある（すべてナチュラルスピリット刊）。

イエスと接した二人

●

2024年4月22日　初版発行

著者／ドロレス・キャノン
訳者／采尾英理

編集／山本貴緒
DTP／小粥 桂

発行者／今井博揮
発行所／株式会社 ナチュラルスピリット
〒101-0051 東京都千代田区神田神保町3-2 高橋ビル2階
TEL 03-6450-5938　FAX 03-6450-5978
info@naturalspirit.co.jp
https://www.naturalspirit.co.jp/

印刷所／創栄図書印刷株式会社

ISBN978-4-86451-473-6 C0010

●新しい時代の意識をひらく、ナチュラルスピリットの本（★…電子書籍もございます）

イエスとエッセネ派★

退行催眠で見えてきた真実

ドロレス・キャノン【著】
白鳥聖子【訳】

四六判・並製／定価 本体 2980 円+税

イエスの師匠「スディー」出現！

イエス生誕時の天体状況、エッセネ派で学んでいた頃の様子、世界中での学び、布教の様子、十字架の磔刑と復活の真相、モーセの出生と荒野の出来事、ソドムとゴモラ、エゼキエルと UFO、アトランティスとカルー族、ピラミッド……イエスの実像とエッセネ派の神秘に迫り、クムランを解き明かす。

お近くの書店、インターネット書店、および小社でお求めになれます。

●新しい時代の意識をひらく、ナチュラルスピリットの本（★…電子書籍もございます）

入り組んだ宇宙　第一巻★
地球のミステリーと多次元世界の探究

ドロレス・キャノン 著
誉田光一 訳

退行催眠中に告げられた多次元宇宙の驚くべき真相。私たちは、まさに、入り組んだ宇宙に住んでいる。圧巻の896ページが語る、膨大な「知識」！

定価 本体四五〇〇円＋税

人類の保護者★
UFO遭遇体験の深奥に潜むもの

ドロレス・キャノン 著
誉田光一 訳

催眠療法士である著者が、ETおよびUFOとの遭遇体験者に退行催眠を施し、明らかにした驚くべき調査記録。待望の邦訳版。

定価 本体三八〇〇円＋税

この星の守り手たち★

ドロレス・キャノン 著
ワタナベアキコ 訳

太古から地球を見守ってきたスターピープルの存在。彼らが語る人類の進化、宗教、神、科学の進歩などこの宇宙にまつわる驚くべき真実とは。

定価 本体二七八〇円＋税

アンナ、イエスの祖母
叡智と愛のメッセージ

クレア・ハートソング 著
大槻麻衣子
北川隆三郎 訳

エッセネ派の秘教の真実に迫る！　イエスの祖母アンナとのチャネリングで生まれた秘められた壮大な歴史物語。

定価 本体二八七〇円＋税

イエスとブッダが共に生きた生涯★
偉大な仲間の転生の歴史

ゲイリー・R・レナード 著
ティケリー裕子 訳

生まれ変わる度に共に道を極めていったイエスとブッダ。二人の転生を通して『奇跡のコース』の本質をわかりやすく伝える。

定価 本体二四〇〇円＋税

ホワイト・イーグルが伝えるイエス
教師にしてヒーラー

グレース・クック 著
鈴木眞佐子 訳

内なるキリスト（救世主）への道！　イエス・キリストの教えと癒しの真髄を、高次元存在「ホワイト・イーグル」が、わかりやすくシンプルに解き明かす。

定価 本体一五〇〇円＋税

マグダラの書
ホルスの錬金術とイシスの性魔術

トム・ケニオン
ジュディ・シオン 著
鈴木里美 訳

マグダラのマリアが説き明かすイエスとの「聖なる関係」とは？　『ハトホルの書』の著者がマグダラのマリアをチャネリングしたメッセージ！

定価 本体二七八〇円＋税